山东省社科规划项目（21CTYJ26）研究成果

山东省民俗体育的区域划分及旅游开发策略

赵秀峰 著

中国科学技术大学出版社

内 容 简 介

本书通过对山东省民俗体育项目进行整理,充分挖掘其民俗体育文化的内涵及价值,并根据不同地域民俗体育项目的特点及文化内涵进行区域划分。在此基础上,对山东省民俗体育文化开发、传承与发展的不足进行探析,提出不同区划的民俗体育项目的旅游开发策略及民俗体育文化传承与保护的可行性模式。同时,本书以鲁西、鲁西南及鲁南地区的民俗体育资源为例,分析山东省民俗体育旅游资源的具体开发措施及民俗体育文化融入运动休闲小镇建设的可行性,并从宏观、中观、微观角度探讨运动休闲小镇建设的实施策略。

本书可供体育科研人员、体育教师、体育民俗相关专业的本科生和研究生,及其他对体育学和民俗学感兴趣的人士阅读借鉴。

图书在版编目(CIP)数据

山东省民俗体育的区域划分及旅游开发策略/赵秀峰著. —合肥:中国科学技术大学出版社,2022.6
ISBN 978-7-312-05406-8

Ⅰ. 山… Ⅱ. 赵… Ⅲ. 民族形式体育—旅游资源开发—研究—山东 Ⅳ. F592.3

中国版本图书馆 CIP 数据核字(2022)第 040733 号

山东省民俗体育的区域划分及旅游开发策略
SHANDONG SHENG MINSU TIYU DE QUYU HUAFEN JI LÜYOU KAIFA CELÜE

出版	中国科学技术大学出版社
	安徽省合肥市金寨路 96 号,230026
	http://press.ustc.edu.cn
	https://zgkxjsdxcbs.tmall.com
印刷	安徽省瑞隆印务有限公司
发行	中国科学技术大学出版社
开本	710 mm×1000 mm 1/16
印张	9
字数	162 千
版次	2022 年 6 月第 1 版
印次	2022 年 6 月第 1 次印刷
定价	50.00 元

前　言

民俗体育是民族体育和民间体育的重要组成部分,是民众世代传承和延续的体育文化形态,与民间的风俗、习惯密切相关。山东民俗中的庙会、山会、灯会、书会以及一些节庆、祭祀等在一定意义上都具有民俗体育的特质。民俗体育文化的传承离不开特定的场域,它与特定的乡镇或村寨相连接,与特定地域的人群相关联,通过民俗体育的文化传承,让该地域的人群"记得住乡愁"。

本书为山东省社科规划项目(项目批准号:21CTYJ26;项目立项单位:泰山学院)研究成果。本书通过整理列入国家级、省级非物质文化遗产项目名录中的民俗体育项目,分析整理不同地域的民俗体育项目的特色,充分挖掘各区划代表性民俗体育文化的内涵及价值,根据不同地域民俗体育项目的特点及文化内涵,并结合山东省经济区域划分标准,将山东省列入非物质文化遗产的民俗体育项目进行了初步的分区和划分:主要有胶东半岛渔家秧歌风情民俗体育,鲁中平原传统民俗体育,鲁北、鲁西北黄河文化民俗体育,鲁西、鲁西南武术文化民俗体育,鲁南革命老区红色文化民俗体育五大分区。并对山东省民俗体育文化开发存在的问题及传承与发展的不足进行探析,提出不同区划的民俗体育项目的旅游开发策略及民俗体育文化传承与保护的可行性模式。

本书以鲁西、鲁西南地区武术文化旅游为例,对山东省民俗体育旅游资源的开发进行案例分析,探讨了济宁梁山武术文化和聊城冠县武术文化的发展对策,提出打造两地"武术文化特色小镇"的建议和对策。又以鲁南地区的民俗体育为例,探究民俗体育文化融入运动休闲小镇建设的可能性及可行性,以及鲁南地区民俗体育文化融入红色文化建立运动休闲小镇的可行性,并最终从宏观角度、中观角度和微观角度探讨山东省民俗体育文化运动休闲小镇建设的实施策略。

赵秀峰

2021 年 12 月

目　　录

前言 …………………………………………………………………………（ⅰ）

第一章　民俗体育概述 ……………………………………………………（ 1 ）
　第一节　民俗体育的相关概念 ……………………………………………（ 1 ）
　第二节　民俗体育的分类和特性 …………………………………………（ 6 ）
　第三节　民俗体育休闲化的制约因素及实施路径 ………………………（ 15 ）

第二章　山东省民俗体育的区域划分及项目介绍 …………………………（ 20 ）
　第一节　山东省民俗体育种类及分区 ……………………………………（ 20 ）
　第二节　胶东半岛渔家秧歌风情民俗体育 ………………………………（ 23 ）
　第三节　鲁中平原传统民俗体育 …………………………………………（ 51 ）
　第四节　鲁北、鲁西北黄河文化民俗体育 ………………………………（ 66 ）
　第五节　鲁西、鲁西南武术文化民俗体育 ………………………………（ 74 ）
　第六节　鲁南革命老区红色文化民俗体育 ………………………………（ 89 ）

第三章　山东省民俗体育文化传承、保护及开发 …………………………（100）
　第一节　山东省民俗体育文化传承和发展的不足及解决策略 …………（100）
　第二节　山东省民俗体育文化开发存在的问题及开发策略 ……………（107）

第四章　山东省民俗体育旅游资源开发的案例分析 ………………………（115）

第五章　山东省民俗体育文化融入运动休闲小镇建设的可行性探究 ……（123）

第六章　山东省民俗体育文化运动休闲小镇建设的实施策略探讨 ………（131）

第一章　民俗体育概述

第一节　民俗体育的相关概念

一、民俗体育的概念

学者李秉彝认为民俗体育是一种极具民族风情,适应当地气候、环境、风俗习惯,充满乡土气息的体育活动[①]。凡属中华民族固有的人体活动,用于祭祀、庆生、教育、养生、医疗、休闲活动等,并借以保障人体健康,促进团结意识,发挥精神力量的活动都是民俗体育[②]。蔡宗信认为民俗体育是一个民族在其居住的地方慢慢共同创造形成传统而延续下来的一种身体运动文化习惯[③]。吴腾达认为民俗体育其实就是乡土体育,可以激发人们的乡土情怀,具有地方风情、历史渊源等文化特色,而因民俗祭典而产生的体育活动或表演行为,更是我们祖先留下的宝贵文化遗产[④]。2000年,《体育科学词典》将民俗体育定义为在民间风俗或民间文化以及民间生活方式中流传的体育形式,是顺应和满足人们的多种需要而产生和发展起来的一种特殊的文化形态[⑤]。有的学者把民俗体育简单地称为民俗活动中的体育,其产生于民俗活动,依托民俗节日发展,在一定的时空范围内流传,并与健身、竞技、娱乐、表演等活动相关[⑥],主要存在于民间

[①] 李秉彝.民俗体育活动的推行与展望[J].体育师友,1982(6):13-16.
[②] 樊正治.近30年来我国民俗体育活动展望[J].教育资料季刊,1985(10):225-262.
[③] 蔡宗信.民俗体育范畴与特征之探讨[J].国民体育季刊,1995(3):68-76.
[④] 吴腾达.乡土体育的意义、范围与内容[J].国民体育季刊,1995(3):78-84.
[⑤] 中国体育科学学会,香港体育学院.体育科学词典[M].北京:高等教育出版社,2000:178.
[⑥] 涂传飞,陈志丹,严伟.民间体育、传统体育、民俗体育、民族体育的概念及其关系辨析[J].武汉体育学院学报,2007,41(8):24-31.

节庆活动、宗教活动、祭祀活动中,具有集体性、传承性和模式性等特点,是一种能够世代传承和延续的体育文化形态[1]。但涂传飞认为《体育科学词典》对民俗体育的定义难以区分民俗体育与民间体育,有些民俗体育项目是产生于民俗活动之外的,民俗活动中的体育也不完全是民俗体育,这些都或多或少地宽泛了或窄化了民俗体育的内涵[2]。由此,涂传飞等人将民俗体育界定为:由一定民众创造,为一定民众传承和享用,并融入民众日常生活的民俗习惯(如节日、礼仪等)之中的一种集体性、模式化、传统性、生活化的体育活动,它既是一种体育文化,也是一种生活文化。

民俗是在实践活动中产生并不断发展的新的物质形态,是人类有机的组成部分,它与人类是部分与整体的内在关系,是人类文化大系统中的一个子系统,是人类文化的基石。虽然大家对于民俗体育的概念还有一定争议,但也存在共性:一方面,民俗体育生长于民俗的沃土;另一方面,民俗体育属于特殊的文化形态。

二、民间、民俗、民族、传统等的概念辨析

我国民俗学奠基人之一钟敬文先生认为:"民间,顾名思义是指民俗中间。它与官方对应。除统治集团以外,都可称作民间。直接创造物质财富和精神财富的广大民众是民间的主要组成部分"[3]。民俗是民间文化的重要组成部分,它源于人类社会群体生活的需要,为民众的日常生活服务,并在特定的时代、地域和民族中不断形成、扩布和演变。简言之,"民"就是以人民为主的全民族,而具有"集体的、类型的、继承的和扩布的"特性的就是"俗"。民族是人们在历史过程中形成的,是共同地域、共同语言、共同经济生活以及表现于共同文化上的稳定的共同体[4],文化反映了这个共同体的本质属性和思维形式[5],学术界一致认为"表现于共同文化上的共同心理素质"是民族最显著和稳定的特征。传统是"相传继续"和"世代相承"的意思。虽然对传统的定义还没有达成共识,但对

---

[1] 王俊奇.也论民间体育、民俗体育、民族体育、传统体育概念及其关系:兼与涂传飞、陈红新等商榷[J].体育学刊,2008(9):101-104.
[2] 涂传飞,陈志丹,严伟.民间体育、传统体育、民俗体育、民族体育的概念及其关系辨析[J].武汉体育学院学报,2007,41(8):24-31.
[3] 钟敬文.民俗学概论[M].上海:上海文艺出版社,1998.
[4] 斯大林.斯大林全集[M].北京:三联书店,1953.
[5] 金炳镐.民族理论通论[M].北京:中央民族大学出版社,1994.

于传统的内涵,大家的观点基本一致:传统是从古至今一直流变的、根本性的东西,具有宗教、制度、思想、文化、心态、风俗、道德、艺术等历史"遗传因子",且各地、各民族所创造的传统具有各不相同的形式和状态①。

三、民间体育、传统体育、民俗体育、民族体育的概念及其关系辨析

(一)民间体育、传统体育、民俗体育、民族体育的概念

世界各国的民间体育、传统体育、民俗体育、民族体育是人类体育文化的重要组成部分,一直以来,人们常常混淆甚至在一定程度上"模糊"这几个词的概念。为此,涂传飞等人运用民族学、民俗学、传统学等相关学科理论,对这几个词的概念进行了梳理,并确立了它们之间的相互关系,具体如下:

民间体育指存在于广大民众的日常生活中,在民众中开展的、非官方的(除官方体育以外的),没有高度制度化、组织化的体育活动。根据民间体育是否具有传统性,可将民间体育分为传统体育(traditional sports)和非传统体育(non-traditional sports)两大类,不管是传统体育,还是非传统体育(如西方体育、现代体育等),只要是在民众中开展的体育就可以称为民间体育。

传统体育是指人类已经创造的和即将创造的一种特殊的体育文化形态,它通过历史得以传承和改变,传统性是传统体育的基本特征。传统体育始终处于制造和创造的过程中。传统体育一旦被创造出来后,便可以被创造它的民众传承、享用,也可以被其他民众传承、享用。此外,传统体育总是在发生变异,它在传播的同时,也必然会发生变化。

不同的研究者对民俗体育的概念有不同的界定。陈红新认为:民俗体育是一个国家或民族的广大民众在其日常生活和文化空间中创造,并为广大民众传承的一种传统体育活动,具有集体性、模式化的特点②。张淼认为民俗体育是指在体育中能够体现某一民俗活动功能和文化内涵的体育③。罗孝军从人类

---

① 张立文.传统学引论:中国传统文化的多维反思[M].北京:中国人民大学出版社,1989.
② 陈红新,刘小平.也谈民间体育、民族体育、传统体育、民俗体育概念及其关系[J].体育学刊,2008,15(4):8-11.
③ 张淼,李龙.民俗体育、民间体育、民族体育和传统体育的概念及关系辨析[J].搏击·武术科学,2013,10(2):88-91.

学角度对民俗体育进行定义:民俗体育特指在人类进化过程中广泛产生于民间的传统民风习俗活动中的体育活动,其产生的时间与空间具有针对性与排他性,所包含的既定内容与运行模式固定,所发挥的功能也与依附的民俗活动息息相关,具有强烈的传承性、目的性、针对性和组织性[①]。因此,把民俗体育界定为:由一定民众创造,融入和依附于民众日常生活的风俗习惯(如节日、礼仪等)之中,并为一定民众传承和享用的一种体育活动。

民俗体育与现代体育相对应,更贴近"一切体育为大众"(sport for all)的观念[②]。它既是一种体育文化,也是一种生活文化。民俗体育是民俗的重要组成部分,因此民俗的属性决定了民俗体育的属性。以钟敬文和乌丙安为代表的许多学者都认为民俗体育具有集体性、模式化、传统性、生活化的特点。首先,民俗体育是集体性的,民众既是其创造者、享用者和传承者,又是其传播的重要载体;其次,民俗体育是一种模式化的体育活动,在民众的日常生活中共同遵循其活动的结构和程序,并不断重复;再次,民俗体育是一种传统的体育文化,体现在空间上的传播和时间上的代代传承;最后,民俗体育是一种生活文化,是民众日常生活的有机组成部分,依托于民众日常生活中的风俗习惯而存在[③]。

民族体育即民族传统体育,是一个民族所拥用并传承的一种特殊的传统体育文化,反映并承载着一个民族共同的心理素质。中华民族体育、少数民族体育都是民族体育的一种具体表现形式。张森认为:民族体育项目可能存在于多个民族,不一定仅为某一民族所特有。而不同民族的同一民族体育项目其文化内涵也会有所不同[④]。另外,凡是具有民族共同意识的体育,不管是历史上曾经存在过但现已消亡的,还是现今依然存在的,均属于民族体育的范畴。因此,民族体育是反映和承载民族共同文化、共同心理素质,并为民众共同享用的民族整体的体育文化。

(二)民间体育、传统体育、民俗体育、民族体育之间的关系

民间体育、传统体育、民俗体育与民族体育是人类体育文化的重要组成部分,其内在关联性、概念的划分与相互关系的厘清一直是体育学术界、文化界与

---

① 罗孝军.民间体育、民族体育、民俗体育与传统体育等概念及其相互关系辨析[J].沈阳体育学院学报,2016,35(2):135-139.
② Henning E. Folk Sports[J]. Berkshire Encyclopedia of World Sport,2005(2):612-619.
③ 涂传飞,余万予,钞群英.对民俗体育特征的研究[J].武汉体育学院学报,2005,39(11):6-9.
④ 张森,李龙.民俗体育、民间体育、民族体育和传统体育的概念及关系辨析[J].搏击·武术科学,2013,10(2):88-91.

社会学界旷日持久的争论话题,时至今日,也没有形成一致的意见。涂传飞认为民间体育由传统体育和非传统体育组成①,而传统体育中不仅有民间体育的内容,还包含宫廷体育,二者是交叉、重叠的关系②。民间体育较民俗体育具有更广阔的文化空间,民俗体育一般存在于特定的节庆节日和特定的场所,而民间体育则存在于民众生活中的任何时间和任何地点。因此,民间体育包含民俗体育,二者是包含与被包含的关系。传统体育又可分为民族体育和民俗体育,二者相互交叉但不等同,呈并列关系,且二者的侧重点有所不同③。某些民俗体育可能还未达到"民族整体"的程度,只是被民族整体中的一部分地区、一部分人所认同。民族体育往往不具备民俗体育的仪式感和模式性,且不包含民俗体育的所有内容。

王俊奇认为涂传飞对传统体育、民族体育关系的划分是不正确的,目前很难做到绝对划清民间体育、传统体育、民俗体育、民族体育之间的界线,它们往往相互重叠与交叉④。他认为传统体育包含不了民族体育。民族体育有广义和狭义之分,古埃及体育、古希腊体育、中华民族体育都是广义的民族体育的具体表现形式,且有些民族体育已经在历史上消失了。狭义的民族体育是指近现代国家、民族所独有的一种体育文化形态。传统体育是各民族在漫长的历史实践活动中积累并形成的稳定的体育文化,体现在体育文化活动的一切方面(如健身、娱乐、养生等思维和行为方式),并通过社会心理结构及其他物化媒介(如文献典籍、武术器械、棋盘等)得以世代相传。

陈红新则认为民俗体育属于传统体育的分支,是传统体育的重要组成部分⑤。传统体育是民族体育的重要组成部分(即民族传统体育),是传延至今的具有民族或地方特色的体育文化形态。民族传统体育与民俗体育在某些部分有一定的重合性和关联点,二者都属于文化范畴、历史范畴,且均与社会生活水

---

① 涂传飞,陈志丹,严伟.民间体育、传统体育、民俗体育、民族体育的概念及其关系辨析[J].武汉体育学院学报,2007,41(8):24-31.

② 张森,李龙.民俗体育、民间体育、民族体育和传统体育的概念及关系辨析[J].搏击·武术科学,2013,10(2):88-91.

③ 涂传飞,余万予,钞群英.对民俗体育特征的研究[J].武汉体育学院学报,2005,39(11):6-9.

④ 王俊奇.也论民间体育、民俗体育、传统体育概念及其关系:兼与涂传飞、陈红新等商榷[J].体育学刊,2008,15(9):101-104.

⑤ 陈红新,刘小平.也谈民间体育、民族体育、传统体育、民俗体育概念及其关系[J].体育学刊,2008,15(4):8-11.

乳交融[①]。民族传统体育研究一个国家或民族的传统文化,其研究的内容与范围更广泛,而民俗体育则研究具备"俗"的特点的传统体育。例如,中华民族传统体育包括武术、气功、易筋经、八段锦、五禽戏等,也包括民俗体育中的赛龙舟、放风筝、舞龙、跳皮筋等;而民俗体育却不包括武术、气功、易筋经、八段锦、五禽戏等。

依据涂传飞、王俊奇、陈红新对民俗体育及民俗体育与民间体育、传统体育、民族体育的关系论述,可得出它们之间的关系如图1.1所示。

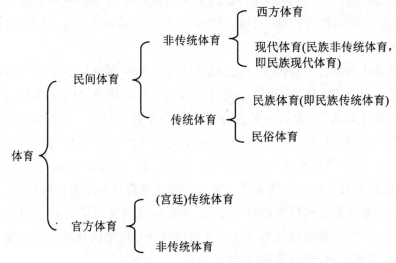

图1.1 民俗体育与民间体育、传统体育、民族体育的关系

第二节 民俗体育的分类和特性

一、民俗体育的分类

在民俗学的著作中有很多关于民俗体育活动的内容,而从体育学的角度对民俗体育活动进行研究与分析的仍不多见。有关民俗体育项目的分类没有一

---

① 王俊奇.关于民俗体育的概念与研究存在的问题:兼论建立民俗体育学科的必要性[J].西安体育学院学报,2007,24(2):16-20.

个十分统一的划分标准和规则,常见的分类有按地域划分、民族划分、功能划分、特点划分等。通过查阅相关资料,各研究者从不同的角度和各自的研究需要出发,对民俗体育进行了不同的分类,见表1.1。

表1.1 民俗体育的分类

分类依据	民俗体育的分类
运动形式和内容	跑、跳、投类,体操类,球类,水上类,射击类,骑术类,角力类,武艺类,舞蹈类,游戏类及其他
民族	汉族民俗体育和少数民族民俗体育
活动性质	健身性民俗休闲体育、娱乐性民俗体育、竞技性民俗体育、表演性(或观赏性)民俗体育
发展特性	与节日、祭祀相关的体育活动,以强身健体为主要目的的体育活动,从游戏中发展出的体育活动
在体育课程中的应用	嬉戏娱乐类、竞赛类、节庆习俗类
文化特征	楚文化区域的民俗体育、齐鲁文化区域的民俗体育、三晋文化区域的民俗体育、关中文化区域的民俗体育、巴蜀文化区域的民俗体育、吴越文化区域的民俗体育、燕赵文化区域的民俗体育、伊斯兰文化区域的民俗体育、藏文化区域的民俗体育等
地域特征	东北、西北、西南、华南、华东和中原地区的民俗体育

二、民俗体育的特征

有关民俗体育特征的研究成果非常多,早在1999年,刘万武就提出民俗体育的特征是民俗内在形式的体现,主要有民族性、集体性、地域性、程序性、传承性、变异性等[1]。涂传飞认为民俗体育的特征应从民俗体育本身的内在属性及其在时空发展活动中表现出来的外部特征展开分析,认为民俗体育具有内部特征(如民族差异性、全人类共通性、娱乐性、竞技性和依附性等)和外部特征(如历史性、地域性、观赏性、传承性和变异性等)[2]。余万予提出民俗体育具有群众性、民族性、兼容性、扩展性、传承性[3];苏转平将民俗体育的特征概括为传承

---

[1] 刘万武,姚重军.体育民俗之探讨[J].西北民族学院学报,1999(3):13.
[2] 涂传飞,余万予,钞群英.对民俗体育特征的研究[J].武汉体育学院学报,2005(11):39.
[3] 余万予,付秋根.对民俗体育的初步研究[Z].武汉:第六届全国体育科学大会,2000:36.

性与扩布性、稳定性与变异性、阶层性与对象性、规范性与服务性等[①]。这些研究成果极大地丰富了原本就略显单薄的民俗体育理论,为民俗体育这门学科的建立提供了一定的理论基础。

(一)民俗体育的传承性与扩布性

民俗体育的传承性是民俗体育文化进行纵向传递的重要方式,其传承主要通过文字、语言、图像等形式流传下来,同时民俗体育本身又是一种身体活动形式,因此身体也是其传承的特殊形式,依靠身体语言使民俗体育得以代代相传。在最初的传承中,民俗体育更多地呈现出被传承的特点,具有明显的客体性,随着人们对民俗体育的需求增加,使其亦具有传承的主体性。基于民俗体育具有特殊的文化性,经历千百年来的民族文化凝练与沉淀,民俗体育完成了其从被动传承到主动传承的转变,而这种转变给予了民俗体育千载难逢的发展机遇。

民俗体育的扩布性指民俗体育文化的横向传播,是其在空间上的蔓延及伸展,通过横向扩布完成对外来文化的吸收、整合、借鉴的全过程。一般而言,民俗体育的扩布手段主要有两种:一种是在和平环境中自然进行的,如齐鲁文化是齐文化和鲁文化的相互融合;另一种是在特殊情况下(如战争等)发生的,如中原地区极具外来文化特色的民俗体育项目,如摔跤、拉大锯等,这些均是其他民族文化融入汉民族文化中形成的。

民俗体育的传承是从古至今、自上而下进行的,扩布是前后、左右的空间流动。纵向的传承和横向的扩布相结合,扩大了民俗体育的存在时空,促使其文化多元化的融合与发展,使其文化的传承成为一种时空文化的连续体。

(二)民俗体育的稳定性与变异性

民俗体育之所以能够代代相承、活力不息,很重要的一个原因在于其具有稳定性,其稳定性主要体现在其集体性和模式性中。民俗体育文化具有整体意识,这与中国传统文化密不可分。中国典型的农耕文化,家庭、家族的伦理观念,儒家文化推行的尚古以及传统时期的私塾教育,使得民俗体育具有集体性,这是民俗文化的生命力所在。每项民俗体育运动均有特定的套路、程式和内容,并在运动过程中反复呈现、实践,为人们所认知和接受。再者,绝大多数有影响力的民俗体育项目都与当地的民俗密切相关,甚至有些项目已是当地民俗

---

① 苏转平.试析民俗体育的基本特征[J].体育文化导刊,2015(2):199-202.

中不可缺少的环节,因此,通过融合人们对于民俗和民族文化的结构、内容、要素的认知和把握,当地民俗赋予了民俗体育一整套模式,并使民俗体育成为日常体育活动的范式。

然而,民俗体育文化的稳定性是相对的,稳定中包含着一些可变因素,具有变异性。变异性也是民俗体育文化的显著特征,民俗体育在其传承和扩布的过程中,伴随着民族文化的变迁,民俗体育文化相互交融,其内容、结构、模式等均存在自发的和渐进的改变,这种改变使得民俗体育与当地的文化与民俗更加适应,通过融合外来文化并调整自身文化体系,呈现出民俗体育的极佳可塑性和旺盛的生命力。因此,民俗体育的变异性是民俗体育文化发展与保存的重要内在动力。

(三)民俗体育的阶层性与对象性

不同的阶层、人群、人生阶段,人们所能接触的与所热衷的民俗体育项目是有差别的。因此,民俗体育的又一重要特征是阶层性和对象性,且这种阶层性和对象性极大程度地左右着民俗体育的发展。

阶级的出现导致了社会分层,作为社会文化生活的重要组成部分,民俗体育就是为了满足社会不同层次的体育需求而出现的,因此具备阶层性。民俗体育是广大民众热爱的体育娱乐方式,其存在较为明确的区分:如城市中的居民喜欢的项目类型多以冒险、惊险、刺激为主,较热衷于单人的民俗体育项目,极少参与群体项目;而农民则具有较强的宗族观念,更加热衷于集体项目(如跑旱船、扭秧歌等),所喜欢的项目大多乡土气息浓郁、自然朴实、对场地要求低且动作简单、运动形式简便。

民俗体育的对象性主要是指民俗体育对于不同性别、年龄阶段的人有着极强的针对性。一般男子崇尚力量并极具冒险精神,因此男子从事的民俗体育项目均要求参与者具有较强的冒险精神,且力气的角逐占有重要地位;妇女热衷的民俗体育项目多以静态表现为主,淡雅恬静,突出女性的柔美;而娱乐性强,多跑动、多人参与的项目比较受儿童的青睐,因此追逐、嬉闹、跑、跳、投是儿童项目中最常见的,儿童游戏占据了民俗体育运动项目的"半壁江山"。

(四)民俗体育的规范性与服务性

民俗具有较强的规范性,民俗体育依附于民俗规范,将自己的经验和观念变为规范,产生了一些相应的规范与要求。正是这种规范与要求使民俗体育得以传承,并使民俗体育项目的纯粹性和延续性得以发展,产生了相应的门派性,并具有一定的保守性。

民俗体育产生于社会生产劳动,民俗体育一旦产生,立刻就能够对社会进行"反哺",从而服务于社会,成为社会生活的重要组成部分。民俗体育产生的社会规范应用于社会的各个层面,称为社会规范服务社会;民俗体育产生于生产劳动并服务于生产和生活实践;民俗体育通过满足民众的健身需要、协调民众心理来服务于社会。①

三、民俗体育的价值

民俗体育的价值一般是指其发挥的积极作用。价值是外部赋予的、主观的。刘欣指出民俗体育是华夏文明的重要载体之一,具有民俗文化价值和体育文化价值②。在多元文化(包括多元体育文化)的背景下,民俗体育传播与发展既是对地方文化保护的重要举措,也是对传统文化的继承和发展。民俗体育产生与生存的环境在农村,因此,对当今社会发展而言,民俗体育对其起源及传承地具有如下方面的价值体现。

(一)积极推进全民健身

在历史的演进过程中,民俗体育既具有体育的健身功能,又具有民俗的娱乐功能。人民群众是民俗体育活动赖以存在和发展的土壤,以深厚的民间文化和群众为基础,开展民俗体育活动,对积极推进全民健身具有重要作用。

大众体育是全民健身运动的有效形式和重要部分,民俗体育也是大众体育的重要内容。依托民俗体育文化,引导人们加强身体锻炼,协助农村居民形成良好的休闲生活方式,提升生活质量,同时充分发挥民俗体育在特定地域和民族文化下的教化功能,推进民俗体育与全民健身积极融合,可以更好地将民俗体育的健身娱乐功能从"无意识"的传统运动转化为"有意识"的主动健身,增强民众对健身与身体健康的追求,促进民俗体育的健身功能由"隐性"向"显性"转变。

---

① 苏转平. 试析民俗体育的基本特征[J]. 体育文化导刊,2015(2):199-202.
② 刘欣,孙连杰. 天津民俗体育的传播类型及价值研究[J]. 中国科教创新导刊,2010(32):11.

（二）推动农村经济增长

体育产业的开发可以带动当地的经济发展，目前我国体育产业的发展还主要依赖于城市，农村的体育产业还是一块极富开发价值的处女地。民俗体育文化在农村环境中起着至关重要的作用。农村是民俗体育文化的根据地，因此，民俗体育产业的开发与发展主要依赖于农村环境。在农村举办民俗体育活动，不仅可以带动当地体育产品的消费，推动民俗体育走体育产业道路，带动农村经济的发展，还可以促使农民参与到民俗体育活动中，更好地推进民俗体育文化的传播，从而既拉动当地的经济增长水平，又促进民俗体育文化的传播与传承。

（三）促进精神文明建设

民俗体育文化具备物质文明与精神文明的双重属性，民俗体育活动可以培养人们的民族精神、集体思想，培养人们积极向上、奋发顽强的精神品格。同时，在新时期，开展民俗体育活动可以促进农村精神文明建设，倡导健康、积极的生活方式，增强体育锻炼，加强人与人之间的交往，推进体育娱乐活动（如赛龙舟、扭秧歌、踩高跷、耍花灯等），弘扬正能量及传播良好的社会正气，抑制不良的行为习惯。

（四）丰富农村居民文化生活

民俗体育活动可以丰富农村居民的文化生活，娱乐农村居民的身心。现今农村居民的文化生活较为单一，日常的劳作占据大部分时间，只是偶尔跳一跳广场舞，生活缺乏多样性和娱乐性。通过民俗体育文化的传播和活动的开展，可以更好地增强民众之间的交流，将农民从机械的劳作中解脱出来，释放身心压力，通过扭秧歌、划旱船、赛龙舟、放龙灯、踩高跷等当地常见的、依托当地地理条件自然形成的民俗体育活动，更好地传播体育文化和丰富农村居民的文化生活。

（五）推动新农村建设

由于西方体育活动内容及体育模式的渗入，民俗体育的生存环境发生了较大的改变，使得民俗体育的功能有了变化：民俗体育的民俗功能弱化、体育功能增强，并逐渐弱化了其社会建设功能。随着新农村建设的需要和和谐社会建设的需求，可以通过恢复并发展民俗体育来发挥民俗体育的社会再生产能力，进一步推动新农村建设。涂传飞依据一个村落舞龙活动的民族志报告,运用社会再生产机制理论对民俗体育的历史作用进行解读,提出了民俗体育不是一种纯粹的体育活动,它是一种社会再生产机制,其不仅在和谐社会的建设中发挥独特的作用,也为推动新农村建设发挥社会再生产作用①。

四、民俗体育的功能

功能是事物固有的、客观的属性。民俗体育的功能是其价值实现的内在因素。当功能与人们的需求相适应并得到认同时,其功能才进入了价值化的过程。根据钟敬文在《民俗学概论》中对民俗功能的界定,将民俗功能分为维系功能、规范功能、教化功能、调节功能②。再结合体育的特性③,确定民俗体育具有以下几方面的功能。

(一)健康功能

在现代节奏紧张却又丰富多彩的社会生活中,人们需要健康、文明的体育活动方式。因此,在当今的休闲时代,休闲体育得到了发展的契机,人们借助休闲体育活动来释放压力、调节情绪、保持健康。西方体育思想与中华体育思想是统一在体育思想内的既对立又统一的两方面,民俗体育和西方体育一样具有重要的健身价值,可谓和而不同、异曲同工(表1.2)。

表1.2 西方体育、民俗体育的健身价值④

比较方面	西方体育	民俗体育
思想观念	竞争、协作	和与合、力争上游
有氧、无氧能力	越野跑、变速跑	扭秧歌、舞龙、舞狮、滚铁环、骑竹马
核心力量	瑞士球、悬吊绳练习	推小车、拉棍
灵敏、灵活	绳梯、小栏架练习	跳房子、斗拐
协调	变换节奏、反向练习	踢毽子、抖空竹

---

① 涂传飞.社会再生产机制:对民俗体育历史作用的人类学阐释:来自一个村落舞龙活动的民族志报告[J].天津体育学院学报,2011,26(1):19-23.
② 钟敬文.民俗学概论[M].上海:上海文艺出版社,1998:27.
③ 王若光,刘旻航.我国民俗体育功能的现代化演进[J].武汉体育学院学报,2011,45(10):24-28.
④ 崔涛,张波,周坤,等.传承传统文化视野下校园民俗体育发展路径研究[J].体育文化导刊,2019(1):94-99.

民俗体育是在传统的民俗活动中产生并发展的,它以人体运动为基本手段,以丰富人们的文化生活、提高身体素质、传承民俗文化为目的,是对现代人的身心发展能够产生一定影响的社会文化活动的总称①。所以,民俗体育的健康功能其实一直都是客观真实存在的,只是强身健体的社会文化价值观念并不明显,社会大众始终在"无意识"地受用而已。随着现今社会主义新农村的建设及全民健康项目的启动,民众参与民俗体育项目的动机已由"无意识的受用"过渡到"有意识的健康行为",民俗体育的健康功能也从"隐性"转变为"显性"。

民俗体育具有独特的增进健康的功能,有利于增加我国(尤其是农村地区)的体育人口,积极推动全民健身活动的开展②。同时,民俗体育作为一种群体性的活动方式,可以扩大人们的社交范围,在休闲体育时代,民俗体育运动可以为人民群众的情感交流提供优良的文化环境,从而消除因生活方式、工作环境、文化教育、交往范围等带来的隔阂。

(二)规范功能

民俗对人的言行和思想具有控制作用,是一种规范③。民俗的规范力量并非国家权力机构强力执行的力度,而是有关道德、习俗、礼仪、宗教的规范类型。国家权力机构解决不好的规范问题由民俗来补充,因而民俗是填充国家"权力漏洞"的重要"补丁"。在参与、展示民俗体育的过程中,也传递了民俗的规范功能,它是承载民俗规范体系中最为关键的环节。民俗体育项目常常依附于中国传统的重大节令、人生庆典仪式等,民俗中的老幼有序、尊卑有别、忠、孝、仁、爱、礼、信等社会规范系统才是民俗体育规范功能的精髓所在。传统的民俗体育规范力量常常为一种无意识、无形、潜移默化的力量,其隐藏在肢体活动的动态形式中,隐形于规则的深层,甚至是无文本留存、无言语表达的。随着现代化权力机构渗入到民众生活的空间中,并为了迎合社会的时代需求,民俗体育作为民俗规范体系的展示者或宣传者,其社会规范功能将原本的"乡土本性"与"现代权力"有机地结合在一起,互为补充。④

---

① 刘朝猛,梁天昱,徐坰坪.试论民俗体育在全民健身中的作用:广西武鸣"三月三"歌圩调查[J].吉林广播电视大学学报,2010(4):28-29,50.
② 陈莉.试论民间民俗体育文化特征与现实作用[J].吉林体育学院学报,2006(3):5-7.
③ 钟敬文.民俗学概论[M].上海:上海文艺出版社,1998:27.
④ 王若光,刘旻航.我国民俗体育功能的现代化演进[J].武汉体育学院学报,2011,45(10):24-28.

（三）娱乐功能

民俗体育既是一种体育形态，又是一种生活方式[1]，其内容丰富、形式多样，成为人们不可或缺的娱乐活动，受到广大民众的普遍欢迎。从农耕文明时代走来的民俗体育天生具有娱乐内涵，是人们强身健体、修身养性、自娱自乐、陶冶性情、美化生活、沟通情感、增强群体活力不可或缺的民俗活动内容[2,3]。参加民俗体育活动，使人们身心放松，缓解生理和心理的疲劳，如舞龙、舞狮、练健身气功、赛龙舟、荡秋千、放风筝、跳绳、踢毽子、打陀螺、拔河等。这些民俗体育活动所具备的休闲放松功能与现代社会提倡的休闲观具有异曲同工之效，不但是我国农耕文明时代民众生活所需，也是现代民众休闲生活所需。

（四）社会维系功能

传统的民俗具有族群认同功能，受同一民俗影响的群体，其宗教文化、思想言行、社会关系以及记忆符号等均与其他族群有区别，以保持族群内部人员的向心力和凝聚力[4]。传统的民俗体育寓于民俗之中，发挥着族群维系的功能，民俗体育中的民俗符号、语言、行为、信仰等是维系和认同一个族群和地域的重要依据。在现代化的背景下，受经济全球化、产业化、商品化、大众文化的影响，族群维系的内涵越来越模糊，族群之间的差别越来越小，主要体现在民俗体育的维系功能在族群范围内日渐式微。然而，民俗体育所特有的社会文化价值是现代体育取代不了的，没有民俗体育的中国体育是不完整的，没有民俗体育的中国民俗也是苍白的。民俗体育的思想、语言、符号、信仰等成为中华民族赖以存在的文化标志和独特文化的象征符号，深深地扎根于中国民众的文化心理结构之中，起到很好的社会维系作用。

（五）经济功能

民俗体育的活动内容大多与生产、生活方式关系密切，并以经济活动方式为基础。在以往交通、信息传播不甚发达的社会条件下，民众集会的需求非常

---

[1] 刘欣,李鹏.天津民俗体育的形成、传播及功能[J].新闻爱好者,2011(18):15-16.
[2] 王若光,刘旻航.我国民俗体育功能的现代化演进[J].武汉体育学院学报,2011,45(10):24-28.
[3] 谭新喜,李明磊.南京国民政府一次失败的文化现代化举措：以1929年江苏宿迁小刀会民变风波为例[C].中国现代化研究论坛,2009:77-81.
[4] 卢元镇.体育社会学[M].3版.北京：高等教育出版社,2010:101.

明显。当地民俗体育活动的举办则为民众的集会创造了客观条件。在周期性的民俗体育活动集会上,民众进行日常生活用品交换的需求得以实现。彼时,民俗体育的经济功能较为微弱。随着现代化的到来,产业化、市场化、商品化不断改变着社会的经济环境,也改变着民众的思想。依附于中国传统重大节令、人生庆典仪式的民俗体育活动,不但满足了人民群众对身心健康及休闲娱乐的需求,也促进了当地经济的发展,形成双赢的局面。中国的民俗体育资源丰富,且极具地域性特色。通过挖掘当地民俗体育文化的丰富内涵,结合地方特色的人文、自然景观资源,对民俗体育活动进行商品化包装、市场运作与开发指导,创建本地域特色的民俗体育经济发展模式,进而推动当地经济的发展。如泰山的国际登山节、潍坊的国际风筝节等就是民俗体育经济开发得比较好的典型案例。目前,开展民俗体育旅游是保护民俗体育资源、发展民族经济较有效的可持续发展途径之一。

(六)信仰功能

信仰在人的精神世界中占有重要的地位,每个中国人都有普遍的信仰,人们的信仰往往是在日常民俗活动中发挥功效的。民众在参加宗祠、家庙、祭祖等日常民俗活动中追求其信仰。民俗体育是民俗活动的重要组成部分,其通过开展集会、集体、公开的活动感染民众,更好地发挥其信仰功能。[①]

第三节 民俗体育休闲化的制约因素及实施路径

休闲是人类精神生活方式之一,在当今综合国力迅速提升的中国,人们的收入水平增加,闲暇时间也很富余,人们对休闲运动的需求也迅速高涨。各地精彩纷呈的民俗活动对人们有极大的吸引力,引领大众追求多元化的文化体验。民俗体育是由广大民众创造、传承并享用的,是依托风俗或民俗的发展,顺应和满足人们的需要而产生和发展起来的一种文化形态,是较为原始的体育文化形态。随着中国农村城镇化的推进,民俗体育文化的处境日益严峻,其传承和发展是摆在我们面前的重大课题。现代体育我们要接受,传统体育也不能丢

---

① 王若光,刘旻航.我国民俗体育功能的现代化演进[J].武汉体育学院学报,2011,45(10):24-28.

弃,那么促使民俗体育休闲化便是极好的解决办法。通过适宜的整合与创新,取其精华、去其糟粕,既保留其传统的民族特色,又紧跟时代发展潮流,让更多的群众参与其中,让民俗体育成为人们日常的体育休闲方式,从而实现民俗体育向休闲化转型。

一、休闲体育与民俗休闲体育的概念界定

学者刘一民将休闲体育(又称余暇体育)界定为人们利用休闲(余暇)时间,为达到健身、消遣、娱乐、宣泄、刺激等多种目的,而进行的各种身体活动方式。卢峰认为休闲体育是在相对自由的社会生活环境下,人们自愿选择并从事的各种形式的体育活动[①]。休闲体育是体育的一种社会现象,也是体育的一种存在形态,是社会休闲活动的重要方式。许宗祥认为休闲体育活动是人们在闲暇时间里,积极主动地选择、实施,并以满足自身发展的需要、培养生活品位与格调以及获得身心快乐与自由为主要目的的,有文化品味的体育活动[②]。借鉴前期有关民俗体育、休闲体育的论述,崔宇川将民俗休闲体育的定义概括为:民俗休闲体育是指人们在休闲时间里,采用民俗体育的活动方式,积极自主选择并实施的,以满足自身发展需要,获取身心健康快乐为主要目的的体育文化活动[③]。其通过民众易于接受的传统民俗体育文化与现代休闲文化的有机结合,提高人们对休闲体育和民俗体育的参与积极性,一方面有利于民俗体育更好地传承和发展;另一方面也可逐步实现休闲体育的本土化。

二、民俗体育休闲化的制约因素

民俗体育休闲化是社会发展的趋势,也是满足现代民众对休闲体育的要求的根本举措,但其休闲化发展受到一定条件的制约。一是受到活动开展环境条件的制约。民俗体育依据当地习俗而形成,其场地、服饰、音乐、器具等都独具特色,当地民俗习惯、地域特色都是民俗体育吸引民众的特色,同时也是限制民俗体育休闲化发展的障碍。过分改造将影响民俗体育文化特色的传承,导致其缺乏固有的意境,从而限制了它在其他地域的有效开展。如果按原生态开展,

---

① 卢锋. 休闲体育概念的辨析[J]. 成都体育学院学报,2004(5):32-34.
② 许宗祥. 休闲体育概念[M]. 北京:人民体育出版社,2006.
③ 崔宇川. 民俗休闲体育初论[D]. 南昌:江西师范大学,2013.

竞技条件达不到,学校也满足不了开展条件,导致其学校传承受阻。二是受到民俗地区经济发展的制约。民众的健身休闲需要建立在较为富裕的经济基础之上,有些民俗体育传承之地经济发展相对落后,影响民俗体育文化旅游的开发以及民俗体育在学校教育中的普及,从而制约了当地民俗体育活动的休闲化。三是受到民俗体育文化自身因素的制约。从传统农耕社会发展而来的民俗体育,大多未完全从其母体的民俗文化中脱离出来,只是作为传统节日活动中文化娱乐的一部分在开展,不具有独立的形态与价值体系,其主要是通过这种活动来表达民众对祈求平安、丰收等的心理需求,其本身并不具有现代体育的运动效果,由此也限制了民俗体育的休闲化发展。[①]

三、民俗体育休闲化的实施路径

我国民俗体育文化资源丰富,广泛存在于民间活动中,拥有大量具有游艺、娱乐特色的体育活动,是一种原生态的体育资源,与现代民众的休闲需求及健康生活的需求不谋而合,亟待开发和利用。如何让民俗体育更有效地服务于民众休闲、健身需求,如何更好地进行民俗体育及其文化的传承,还需要深入探究。

(一)通过岁时、节庆活动的创新来延续

民俗体育休闲化可以通过积极开展岁时、节庆民俗体育活动,来提高民众对民俗体育文化的认同。对岁时、节庆民俗体育活动开展的内容、形式应该在继承的基础上进行创新,充分考虑其娱乐性、审美性的需求,让民俗体育活动更具吸引力,更能适应现代人的道德观、价值观和审美观,获取运动的审美体验[②],才是民俗体育活动在现代社会生存下去的根本。因此,我们应该以举办岁时、节庆活动为契机,创新民俗体育活动的开展形式(可以简化民俗习惯和民俗礼仪,美化民俗行为,借助当地优势的自然景观资源举办大型民俗体育活动和大型民俗体育表演交流活动等),赋予民俗体育活动新的价值及意义,吸引广大民众积极参与,从而最大化地发挥其独特的休闲价值。

---

① 陈永辉.民族传统体育休闲化体系构建与实现路径[J].上海体育学院学报,2011,35(5):68-72.
② 朱波涌,蒙祖兵.浅谈传统民俗体育资源的市场开发[J].商场现代化,2008(31):350.

(二)积极打造民俗体育文化与自然景观资源相结合的民俗体育文化旅游模式

将当地的民俗体育文化与地域自然景观有机结合,进行旅游开发,是发展我国民俗体育文化的有效手段和重要措施。通过深化构建民俗体育文化旅游路径,开辟特色的民俗体育旅游路线,打造区域特色的民俗体育文化旅游精品,进而促进民俗体育文化的传承与发展。[①] 一是在本地区不同的旅游景点设置不同的民俗体育活动内容,构建反映地方特色的民俗体育文化生态旅游链。二是在一些大型景区,精选民俗体育项目,进行演艺包装,对民俗体育项目的内容和形式进行适当创新,将传统和现代相结合,为游客奉送精彩的民俗体育文化大餐。同时,与游客进行积极互动,通过言语讲解、身体示范、技术指点、调动情绪、邀请游客参演等方式,让游客切身体验民俗体育活动的乐趣,感受民俗、体验文化,进而达到民俗体育文化传承的目的。三是合理规划、全盘布局,打造当地特色的民俗体育文化休闲小镇或构建区域特色民俗体育旅游网络。在构建的体育文化休闲小镇或体育旅游网络中挑选本区域特色的多项民俗体育项目,打造项目精品,创设项目体系,布局不同项目板块,精心打造、编排、组织特色项目,深挖民俗体育文化内涵,以不同的方式展现体育项目特色及传承民俗体育文化。全方位展示民俗体育项目,陈列民俗服饰、民俗特产、特色手工艺品、器乐、音像制品等,全面推动民俗体育文化的休闲价值。在小镇内设置民俗体育及文化的表演、展览、教学、研学、观赏、体验、健身、服务等不同区块,全方位宣扬及传承本区域特色的民俗体育文化。

(三)民俗体育文化进校园,拓展校园体育活动,传承民俗体育文化

体育本身是一种很有说服力的教育媒介,它对整个社会的教育具有非常广泛而深刻的影响。在现实生活中,体育往往会对人们的价值观、审美观、道德观及行为模式产生深远的影响。在中国,民俗体育的产生与发展均与教育密切相关。由于教育的内容和手段对教育的整个发展过程影响极大,因此,民俗休闲体育在教育中的作用也更加明显:人们在空闲时间参加民俗体育锻炼,在放松及锻炼的同时,也一直在进行中国民俗体育文化的学习和传承。在人类的早期教育中,民俗体育本身是通过体育活动来完成的,如娱乐和舞蹈游戏。在没有

---

① 陈永辉.民族传统体育休闲化体系构建与实现路径[J].上海体育学院学报,2011,35(5):68-72.

文字和书籍的时代,教育主要依靠口头教学和模仿来达到传播知识的目的。现今,将民俗体育教学融入大众的日常生活中,可以丰富人们的生活内容,调动大众参与锻炼的积极性,并通过民俗体育培养团结合作、互帮互助的精神及锤炼勇敢拼搏、顽强坚定的意志品质,继承和发扬中华民族的传统美德。因此,加强民俗休闲体育的理论研究,一方面可以丰富和拓展民俗体育文化的内涵;另一方面,民俗体育丰富了中国体育文化,对促进国际交流、弘扬中国传统体育文化也将发挥积极作用。[1]

学校是学习和娱乐休闲的主要场所,拓展校园体育活动是促进民俗体育休闲化发展的重要手段。一是根据实际情况,适时开展以竞技、娱乐、健身、养生为主的民俗体育项目,学校要创造条件,开展以本地方区域特色的民俗体育项目为主的民俗体育教学活动。邀请民间艺人、民俗体育项目传承人来学校授课,鼓励学生去实地采风、调查,近距离感受民风民情,开阔视野,增强文化认知感。课外开展一些适宜的民俗体育竞赛活动,或组织一些民俗体育项目团体,丰富学生的课外生活,从校内到校外、从课内延伸至课外,培养学生对民俗传统体育的兴趣及对其文化的认同。二是在学校开展民俗体育项目教学,既要呈现其强身健体的效果,又要重视学生的民俗教育;既要安排专门的体育教师或项目传承人等开展民俗体育课程,又要聘请专门的民俗文化老师讲述民俗体育文化及民俗文化,课堂外学技术,课堂内学文化,对所学课程全方位地掌握。同时,因为场地、服饰、器材等特定需要,有些民俗体育活动无法在学校教学中完全按照传统的模式开展,为了让学生更加全面地了解民俗体育活动开展的真实情况及了解民俗体育文化,可以通过搜集相关资料,采用现代化的教学技术手段来进行课堂教学,给学生更好的视听感受,从而更有效地提高学生的文化认同感。民俗体育进校园是传承民俗体育文化最有效、最快捷的途径。[2]

---

[1] 崔宇川.民俗休闲体育初论[D].南昌:江西师范大学,2013.
[2] 陈永辉.民族传统体育休闲化体系构建与实现路径[J].上海体育学院学报,2011,35(5):68-72.

第二章　山东省民俗体育的区域划分及项目介绍

第一节　山东省民俗体育种类及分区

山东地理位置独特,东临大海,西接内陆,既有独特的海洋文化风貌,也有平原丘陵的内陆风貌,再加上山东历史悠久,是齐鲁文化、孔孟文化的发祥地,文化资源丰富,使得山东民俗体育资源带有浓厚的地域特色,彰显着巨大的人文魅力,承载着山东文化的灵魂和精髓,成为民族的瑰宝。

民俗体育是民间体育和民族体育的重要组成部分,它与民间的风俗习惯关系密切,主要依附于岁时、节庆、祭祀礼仪、宗教信仰等活动开展,是民众世代传承与延续的体育文化形式,山东民俗中的庙会、山会、灯会、书会以及一些节庆、祭祀等都含有一定意义上的民俗体育。民俗体育文化的传承离不开特定的场域,它与特定的乡镇或村寨相连接,与特定地域的人群相关联,通过民俗体育文化传承,让该地域的人群"记得住乡愁"。通过整理列入国家级、省级非物质文化遗产项目名录中的民俗体育项目,分析整理不同地域的民俗体育项目的特色,并结合山东省经济区域划分标准,将山东省列入非遗的民俗体育项目进行了初步的划分,具体划分为胶东半岛渔家秧歌风情民俗体育,鲁中平原传统民俗体育,鲁北、鲁西北黄河文化民俗体育,鲁西、鲁西南武术文化民俗体育,鲁南革命老区红色文化民俗体育五大分区(表2.1)。

表 2.1 山东省各地市列入非遗名录的民俗传统体育项目汇总

分区	地区	国家级非遗	省级非遗	数量
胶东半岛渔家秧歌风情民俗体育	威海	渔民节*(荣成市)	牛郎棍#(乳山市)	国(1)、省(1)
	烟台	海阳大秧歌(海阳市) 螳螂拳#(莱阳市、栖霞市) 八卦鼓舞(栖霞市) 渔灯节*(烟台市)	福山雷鼓(福山区) 灯舞(戏灯穿花,栖霞市) 吴式太极拳#(莱州市) 戚家拳#(蓬莱市) 梅花摔手螳螂拳#(牟平市) 长岛显应宫妈祖祭典*(长岛县)	国(5)、省(6)
	青岛	胶东秧歌(胶州市) 螳螂拳#(崂山区、市南区) 孙膑拳#(市北区) 渔民节*(即墨市)	海云庵糖球会*(四方区) 天后宫新正民俗文化庙会*(青岛市) 莱西秧歌(莱西市) 崂山道教武术#(崂山区) 孙膑拳#(李沧区) 傅士古短拳#(城阳区)	国(5)、省(6)
	日照	渔民节*(日照市)	转秋千会*(莒县) 莒县查拳#(莒县)	国(1)、省(2)
鲁中平原传统民俗体育	潍坊	孙膑拳#(安丘市) 花毽#(青州市) 东镇沂山祭仪*(临朐县)	地秧歌(高密市) 小章竹马(昌邑市) 月宫图(寿光市) 闹海(寿光市) 百鸟朝凤(寿光市) 阴阳鼓(潍坊市) 地龙经拳#(高密市) 地功拳#(安丘市) 查拳#(安丘市)	国(3)、省(9)
	淄博	蹴鞠#(淄博市) 阁子里芯子(临淄区) 周村芯子(周村区) 花灯会*(张店区)	磁村花鼓(淄川区) 踩寸子(临淄区)	国(4)、省(2)
	泰安	独杆跷(新泰市) 徐家拳#(新泰市) 泰山石敢当*(泰安市) 泰山东岳庙会*(泰安市)	百兽图(新泰市) 逛荡灯(新泰市) 桃木雕刻*(肥城市) 泰山封禅与祭祀习俗*(泰安市) 子午门#(东平县)	国(4)、省(5)

续表

分区	地区	国家级非遗	省级非遗	数量
鲁北、鲁西北黄河文化民俗体育	济南	鼓子秧歌(商河县) 花鞭鼓舞(商河县) 济阳鼓子秧歌(济阳区) 章丘芯子(章丘市)	颜庄村花鼓锣子(莱芜市钢城区) 蹉地舞(莱芜市莱城区) 手龙绣球灯(长清区) 梆鼓秧歌(历城区) 加古通(平阴县) 千佛山庙会*(济南市) 高跷(上杠高跷,济阳县) 济南形意拳#(济南市) 太平拳#(平阴县) 武当太乙门#(济南市槐荫区)	国(4)、省(10)
	东营	陈官短穗花鼓(广饶县)	盐垛斗虎(东营区) 孙斗跑驴(广饶县)	国(1)、省(2)
	滨州	阳信鼓子秧歌(阳信县) 胡集书会*(惠民县)		国(2)、省(0)
	德州		抬花杠(武城县) 绣球灯舞(齐河县) 德平大秧歌(临邑县) 德州跑驴(德州市)	国(0)、省(4)
鲁西、鲁西南武术文化民俗体育	聊城	柳林花鼓(冠县) 聊城杂技#(聊城市) 查拳#(冠县) 肘捶#(临清市)	莘县温庄火狮子(莘县) 柳林降狮舞(冠县) 东阿杂技#(东阿县) 临清潭腿#(临清市)	国(4)、省(4)
	菏泽	商羊舞(鄄城县) 佛汉拳#(东明县)	孔楼杂技(巨野县) 羊抵头鼓舞(东明县) 撅老四(东明县) 担经(鄄城县、成武县) 三皇舞(鄄城县) 抬阁(崔楼抬阁,鄄城县) 高跷(郓城高跷,郓城县) 精灵皮(单县) 大洪拳#(牡丹区、郓城县、鄄城县) 二洪拳#(鄄城县、曹县) 二郎拳#(巨野县) 水浒拳#(郓城县) 八卦掌#(曹县) 梅花拳#(定陶县)	国(2)、省(18)

22

续表

分区	地区	国家级非遗	省级非遗	数量
	济宁	祭孔大典*(曲阜市)	阴阳板(邹城市) 火虎(邹城市) 竹马(尚寨竹马,邹城市) 狮舞(梅花桩舞狮子,梁山县) 梁山武术#(梁山县) 梅花拳#(梁山县) 子午门#(梁山县) 文圣拳#(汶上县)	国(1)、省(8)
鲁南革命老区红色文化民俗体育	枣庄		鲁南花鼓(台儿庄区) 独杆轿(峄城区) 四蟹抢船(市中区) 大洪拳#(滕州市) 灯舞(人灯、骰牌灯,薛城区)	国(0)、省(5)
	临沂	龙灯扛阁(河东区)	猴呱嗒鞭舞(兰陵镇) 灯舞(八仙灯,蒙阴县) 黑虎查拳#(兰山区)	国(1)、省(3)

注：*表示民俗文化、民间信仰；#表示传统体育；未标注的为传统舞蹈。

第二节　胶东半岛渔家秧歌风情民俗体育

胶东半岛地区主要包括威海市、烟台市、青岛市、日照市，另加潍坊市的安丘市、高密市、诸城市。胶东半岛地区三面环海，西接内陆，隔黄海与韩国、日本相望，北临渤海海峡。胶东海岸线曲折，港口众多，是海洋文化的发祥地，是重要的工业、农业、服务业基地。其经济发达，现代化发展程度较高，依托环渤海工业区的建设，已成为具有发展潜力的地区之一。胶东半岛地区的烟台市栖霞市灯舞、八卦鼓舞，烟台市福山区福山雷鼓，青岛市莱西市莱山秧歌，青岛市胶州市胶州秧歌，烟台市海阳市海阳大秧歌，潍坊市高密市地秧歌等民俗体育项目比较有特点，鲁东沿海地区的祭海民俗主要有祭海节(青岛、烟台)、渔灯节(烟台开发区、蓬莱)、渔民节(威海荣成、日照)。因此，这一节主要是以秧歌为主线，介绍具有渔家秧歌风情的民俗体育活动和祭海民俗。

一、胶东半岛民俗体育项目

（一）烟台市栖霞市戏灯穿花（灯舞）

1. 概述

戏灯穿花，又名穿花舞、跳花灯，分布于胶东半岛腹地栖霞市臧家庄镇泊子村一带，是由当地的民间小戏发展而来的，是集民歌、舞蹈、音乐、民间打击乐、美术等为一体的，反映胶东民俗风情的综合民间表演艺术，是胶东地区乃至山东省民间舞蹈的瑰宝和活化石。[①] 戏灯穿花产生于元朝，发展于明清，清末民初兴盛于泊子村，并辐射至周围十几个村庄。在泊子村，男女老少都玩"灯"，家家户户都会跳"灯"。2013年，栖霞市戏灯穿花入选山东省省级非物质文化遗产。

2. 起源

（1）自然地理环境

栖霞市隶属烟台市，地处胶东半岛腹地，是一个典型的农业县级市，也是烟台市极少数不靠海的区县之一，素有"胶东屋脊"之称。栖霞市四季分明，光照充足，属暖温带半湿润季风气候。

（2）社会文化环境

栖霞市历史悠久，人杰地灵，是重要的道教圣地，是道教全真派创始人之一丘处机的故乡。栖霞市为戏灯穿花的道教文化来源提供了丰厚的社会文化底蕴。

3. 内容

戏灯穿花的名字根据其表演道具与表演形式而得，男女演员各12人，主要有"头灯"1人和身着不同戏装的男女"灯花儿"各数10人。戏灯穿花是草台戏的重要组成部分，在演出时，一般可分为"开台"和"收台"两种形式。"开台"和"收台"时都要在台前广场处"跑戏灯"，正式开演的时候要将"灯"悬挂于舞台四周的木柱上或布置在舞台的台口前。歌唱部分为"十二月对花"，又称"灯歌"。舞蹈时，每隔一段便有1个"鼓节"，舞者随着激昂的鼓点，男女排成两行，随着伴奏，一男一女扭跳着到达中间，对唱"灯歌"。戏灯穿花的道具主要有簇花、蜡

[①] 李朝莉,如月.栖霞戏灯穿花:历经数百年兴而不衰[J].走向世界,2019(39):68-71.

烛、花盆。舞蹈时步小而轻，花盆在胸前保持平稳的基础上，花儿颤动，而烛不灭。队形变化主要有双菱花、四门斗、八字、剪子股、龙摆尾、蛇蜕皮等。舞蹈时，花盆随舞者起起伏伏、进进出出。不同角色的舞者扮相不同，动作、表情亦不相同。

4. 特点

戏前的"跑戏灯"至今依然保留，这是区别于其他灯舞的鲜明特点，填补了山东省民间小戏中"跑戏灯"的空白。

5. 文化内涵

栖霞市的戏灯穿花是由当地的民间小戏（又称草台戏）发展而来的。民间小戏是民间半职业或乡村中班社演出的节目。[①] 为了纪念道教全真派创始人之一丘处机，每年正月十九，太虚观都会举办燕九节庙会。据说，谁有幸在这一天遇上长春真人，谁就可以祛除一切疾病，延年益寿。于是，人们在早晨和晚上击锣打鼓、跳舞，迎接丘神仙的到来。到了晚上，舞者们拿着木制的花盆插着蜡烛，指引着丘神仙的路，于是其逐渐演变成了现在的戏灯穿花。

6. 价值

（1）文化研究价值

戏灯穿花有着古代民间戏曲文化的印记，为我们研究明清时代的民间小戏提供了重要的原始资料。同时，它的起源和演变过程也为我们了解乡村地方戏的全过程提供了充分的历史依据。"十二月对花"是栖霞市民歌的重要代表项目，也是栖霞市戏灯穿花表演艺术的重要内容和典型特征。它极富文学艺术研究价值，对研究胶东地区民间音乐和民间文学的发展具有重要的参考价值，而且戏灯穿花为胶东地区流行舞蹈艺术的研究提供了活的素材。它已成为中国流行舞蹈百科全书中不可替代的教材，具有非常重要的舞蹈历史价值。[①]

（2）珍稀性舞蹈艺术价值

随着时代的发展，很多戏剧团体都用打击乐队伴奏代替了演出前的"跑戏灯"，只有栖霞市臧家庄镇泊子村一带戏前的"跑戏灯"依然保留，这在山东省灯舞类传统节目中是难能可贵的，因此，戏灯穿花的出现填补了山东省民间小戏中"跑戏灯"的空白。

7. 传承现状

现在泊子村戏灯穿花的组织者主要有王桂明和马洪贵，他们两家都是戏灯

---

① 李朝莉,如月.栖霞戏灯穿花:历经数百年兴而不衰[J].走向世界,2019(39):68-71.

穿花世家。王桂明是第三代传承人王守福的儿子,于20世纪50年代末60年代初师从其父、两个叔叔(王守法、王守全,同是第三代传承人)和马洪贵的父亲马树好(同是第三代传承人)开始学习戏灯穿花。马洪贵现在负责戏灯穿花的锣鼓队,他的父亲曾是泊子村戏灯穿花的"灯头"。至此,戏灯穿花的传承依旧处于兴盛时期,每年正月初一在泊子村演出,初二就开始窜乡,一个村接着一个村演,一直演到正月十五,有时二月初二还有演出。①

(二)烟台市栖霞市八卦鼓舞

1. 概述

栖霞市八卦鼓舞是一种综合性的民间鼓舞艺术,由传统道教斋醮仪式和中国传统武术相结合而成。距今已有300多年的历史,主要流传在庙后镇上林家村。2008年入选国家级非物质文化遗产。

2. 起源

(1)自然地理环境

除前述栖霞市所拥有的优越地理条件外,其还拥有便利的交通、适宜的气候,使得八卦鼓舞的种子在这片沃土上生根发芽。

(2)社会文化环境

栖霞市是重要的道教圣地,建有不少道观,道观是祭神、祭祖、举行宗教仪式的地方,在举行宗教仪式时,需鼓乐配合,于是便产生了八卦鼓舞。而重阳宫所在的庙后镇上林家村则近水楼台,得风气之先,成为民间八卦鼓舞的发源地。民间的八卦鼓舞,以上林家村为中心,向周围地区辐射,向东传播到烟台市福山区,演变为福山雷鼓,向西传播到牙山一带。浓厚的文化氛围孕育了栖霞市源远流长的地域文化,八卦鼓舞便是栖霞市民间文化中的一朵艳丽的奇葩,其与道教文化紧密结合,曾经在栖霞市广为流传。这种民间舞蹈艺术在经历了数百年的沧桑之后,如今只在庙后镇上林家村还能看到它的踪影。

3. 内容

八卦鼓舞的道具主要是鼓和伞。典型的八卦鼓的鼓面上绘有阴阳鱼八卦图,鼓梆上画着八仙的8件宝器。鼓槌由桃木制成,槌柄顶部刻有龙头,柄的下端开有一木槽,内部镶有五六枚铜钱。女演员用的伞为木制,伞顶绘有八卦图案。男演员的服装背绣八卦图案。八卦鼓舞是男女对舞,以鼓为主、伞为副,不

---

① 李朝莉,如月.栖霞戏灯穿花:历经数百年兴而不衰[J].走向世界,2019(39):68-71.

加入任何毫不相干的人物,并有乐队伴奏。它由8个男生和8个女生组成,也可以增加到24个、32个……直至100个人的大场景。壮年男子左腰前挎1个八卦鼓,左手拿着1个鼓槌,右手叉腰。女演员则双手擎伞,以舞为主。八卦鼓舞以八卦中的卦位和东、西、南、北"五向"为定向。其基本步法主要有4种:禹步(基本特点为轻、飘、蹲、转)、滑步、双滑步、连步。八卦鼓舞的队形变化相对简单,主要有单串花、辫麻花、按波花、双串花、双龙吐须、八条街等。①

4. 特点

(1) 舞武相融

八卦拳,又称太极拳,集阴阳于一身,要求以心行气,以气运身,神气鼓荡,内气潜转,丹田吐力,刚柔互运,虚实渗透。这些都体现在八卦鼓舞的舞蹈节奏上,作为舞蹈中典型的虚点步,动律中的轻、飘、蹲、转使舞蹈动作轻快自然,动静浑然,鼓声响彻五里之外,舞与武相融。②

(2) 圆满的艺术美学展现

八卦鼓舞的队形"转要回圆,圆中见转",八卦鼓舞的道具中伞和鼓都是圆的。八卦鼓舞的角色只有两种:男鼓女伞,男女对舞,没有任何毫不相干的人物,这和其他角色比较多的鼓舞是不同的。

5. 文化内涵

(1) 农耕文化元素展现

八卦鼓舞是上林家村农民在长期农业生产中形成的一种风俗文化和礼仪。"春分之音"正是八卦鼓舞产生的原因之一。八卦鼓舞的农耕文化主要体现在以下几个方面:① 每当春旱严重时,上林家村的祖先就用八卦求雨。② 八卦鼓舞旧时的表演活动大多在春节、正月十五、农历二月二于庙会举行,这段时间既是农闲时节又是一年的开始,人们通过八卦鼓舞祈求神灵保佑、消灾灭难、风调雨顺、丰年乐业。③ 鼓槌的龙头雕琢反映了人们对龙图腾的崇拜。击鼓时,右手握鼓槌,在头顶挥动盘腕。鼓槌呈"∞"形旋转,意味着龙腾而跃。④ 八卦鼓舞的舞步主要是禹步,这也是其体现农耕文化的重要方面。八卦鼓舞在祭祀、祈福、祭神的同时,也是当地人用以休闲娱乐的一种农耕文化活动。②

(2) 仙文化体现

仙文化是胶东半岛古老而神奇的文化。栖霞自古就被深深地笼罩在仙文化的氛围之中。神秘、奇幻的神仙传说和神仙岛成为胶东半岛神仙文化的源

---

① 孙素涵.论八卦鼓舞的舞蹈文化艺术特征及其与道教文化的关系[D].济南:山东师范大学,2010.
② 冷高波,唐春.栖霞八卦鼓舞的文化溯源[J].北京舞蹈学院学报,2009(2):35-40.

头。八仙过海传说作为当地的一种文化现象,为八卦鼓舞的呈现赋予了神奇的色彩,且对全真道的产生有极大影响。鼓梆上绘有八仙的8件宝器的彩绘图案,表现了人们热爱生活、向往生活之美的一面。尽管手持重达20多斤的大鼓,舞者的舞步却轻如云彩,脚步的微妙动作也充分描绘了"仙"的逍遥情趣。舞蹈轻、飘的节奏是仙文化的内在体现。①

(3) 儒家文化内涵

齐鲁大地是孔孟之乡,是儒家文化的发源地。栖霞在古代属于齐国,栖霞的上林家村群山环绕,这种特殊的地理环境决定了其深受儒家文化的影响,直至今日依旧存在。人们的生活习俗、言谈、处世礼仪,甚至连房屋建筑布局和村庄风格都受到儒家文化潜移默化的影响。儒家文化也渗透到了栖霞的八卦鼓舞中。首先,八卦鼓舞是人们悦神、娱人的需要,其产生本身就是"礼"的体现。其次,"礼"也体现在八卦鼓舞的功能上,当村里举行八卦鼓舞活动时,除了在庙里敬拜神灵外,还要为村里的大户或有名望的长者击鼓祝福。①

(4) 道教文化内涵

昆嵛山(位于烟台市牟平区)是道教全真派的发祥地,而道教文化对八卦鼓舞的影响也极为深刻。大约在1192年,道教开始在栖霞流行,并在清初兴盛起来。一些大村镇都有道观,其中著名的百涧观位于上林家村东南不到1公里处。通过实地调研和分析,发现八卦鼓舞的出现与百涧观直接相关,具体体现在以下几个方面:① 八卦图案绘制在鼓、伞和男性服装上,有道教文化的意义。② 道教用阴阳的概念来认识世界,八卦来自阴阳,阴阳是其核心。八卦鼓舞为男女对舞,使得八卦鼓舞的发展有阴阳之分和天地之别;道具中以鼓为主,伞为辅,充分体现了阳刚阴柔的特点;卦位与方位通过人体动作的动与静、大与小、左与右、高与低、上与下等的对比,将舞蹈融为一体。③ 禹步是八卦鼓舞的基本步伐,也是道教舞蹈的标志性步伐。这是道家在祷神仪礼中常用的一种步法动作。道教吸收了禹步之后,形成了步罡踏斗中最基本的步伐——斗罡。禹步被广泛地应用到了八卦鼓舞男性动作的各个环节,在肢体和表情上与道教舞蹈中的步罡踏斗极其形似与神似。④ 八卦鼓舞的队形变化独具特色,无论队形如何变化,都要以圆为中心,万变不离其宗。道教教义中的轮回观念反映在道教舞蹈中,便是走圆形的队形。八卦鼓舞对道教文化中这方面的继承还是非常突出的。八卦鼓舞与道教文化之间的密切关系在其他民间舞蹈中是非常少见

---

① 冷高波,唐春. 栖霞八卦鼓舞的文化溯源[J]. 北京舞蹈学院学报,2009(2):35-40.

的,八卦鼓舞是集舞、鼓于一体的一种综合性民间艺术,也是山东省唯一一个属于道教文化的舞蹈,是研究道教文化与民间舞蹈的一个很好的桥梁。①

(5) 武术神韵的流露

太极和八卦组合成了太极八卦图,被道教所利用开创了八卦拳。由于受道教文化的影响,旧时上林家村的人们喜好习武,多数人都打八卦拳,村里有大大小小的拳坊。在习武过程中,上林家村自然而然地形成了中国武术的神韵,经过自然地浸染,八卦鼓舞也具备了这种神韵。至今,八卦鼓舞仍然保存着中国武术的神韵和架势,这从八卦鼓舞的一招一式、一举一动中都可以看出,在八卦鼓舞的舞蹈动律里都有八卦拳的内容展现与应用。②

6. 价值

(1) 珍稀性

八卦鼓舞是传统的道教斋醮仪式与传统的中华武术相融合而产生的,是山东省唯一属于道教文化的表演艺术。作为一种地方流行的舞蹈形式,八卦鼓舞是在栖霞市遗存的、源于道教文化的一种独一无二的道教舞蹈类型,在国内尚属罕见。目前,仅在庙后镇上林家村有传人,是一种濒临失传的宝贵的民间舞蹈艺术。

(2) 实用价值

在表演八卦鼓舞之前,要先在村庙敬拜神灵,然后到各家各户击鼓祝福。每家每户都备有糖果、香烟、鞭炮以示欢迎和感谢。居民们每年也习惯了以这种方式为家人祈求平安。因此,八卦鼓舞不仅满足了人们的精神文化需求,也成为人们用来祈求平安的工具,具有很强的实用价值。

(3) 健身娱乐价值

八卦鼓舞适合所有年龄段的人群参与,它易学易懂,适合农村基层演出表演,具有娱乐性、群众性、参与性的特点。现今,在栖霞市庙后镇上林家村,每逢节日,全村人身着盛装,加油助威。因此,八卦鼓舞具有广泛的群众基础,是一种人人都能参与的娱乐活动。八卦鼓舞的舞蹈动律里糅合了八卦拳的内容,浸染了中国武术的神韵,因此具有很好的健身护体价值。

7. 传承现状

(1) 参演情况

八卦鼓舞多在春节演出,进腊月就开始着手准备,春耕前演出结束。八卦

---

① 孙素涵.八卦鼓舞与道家文化的关系[J].艺术教育,2015(3):184.
② 冷高波,唐春.栖霞八卦鼓舞的文化溯源[J].北京舞蹈学院学报,2009(2):35-40.

鼓舞先在本村演出,之后再受邀到外村或外县演出,也会在当地较大的庙会、山会、集市演出。有时也在本县的苹果节等大型活动中展演。①

(2) 传承情况

随着八卦鼓舞申遗成功,栖霞市委和市政府对八卦鼓舞进行发掘、抢救、保护,并提出了一些八卦鼓舞的具体保护措施:① 成立专家指导保护小组,每年筹集 10 万元以上的专门经费供其发展。② 进一步做好普查工作,尽可能完善八卦鼓舞的表现形式及历史沿革,将普查所获的资料进行整理、归类、存档。③ 扶持上林家村等周边 5 个八卦鼓舞原生态保护村,培养 10 个八卦鼓舞样板表演队;普及八卦鼓舞艺术,建立八卦鼓舞艺术展馆。④ 市高级职业学校开设八卦鼓舞业余培训班,全市中小学开设八卦鼓舞艺术乡土教学课程,培养后备人才及传承人。栖霞市委、市政府做了许多工作,但仍存在着诸多难以解决的问题。现只有庙后镇上林家村仍有传人,八卦鼓舞已处于濒危状态。

(三) 烟台市福山区福山雷鼓

1. 概述

福山雷鼓流传于山东省烟台市福山区宋家疃一带,是当地群众喜闻乐见的一种传统舞蹈艺术。福山雷鼓是一种亦鼓亦舞的综合性民间游艺活动,因表演时鼓声如雷而得名。它以威武雄壮、热烈奔放的表演形式,展现出胶东人民的审美心态和艺术情趣。每年农历 4 月 18 日,福山区宋家疃附近 18 个村的"耍会"队伍,都有赶太平顶庙会的民俗,祈求圣母消病除灾,保佑平安和子孙兴旺。雷鼓是为圣母保驾护威、击鼓开路的鼓。它气势非凡,以其独特的风格长久地流传着。2009 年入选山东省第二批省级非物质文化遗产,距今已有 200 多年的历史。

2. 起源

(1) 自然地理环境

福山区是隶属于山东省烟台市的一个市辖区,位于山东半岛东北部。东面、南面、西面与芝罘区、莱山区、牟平区、栖霞市、蓬莱市接壤。北临黄海和烟台经济开发区。福山区属暖温带大陆性季风气候,四季变化和季风进退都比较明显。福山大樱桃在国际、国内市场的声誉越来越高,市场十分广阔。②

---

① 曲建鹏,赵贵琳.八卦鼓舞:胶东屋脊上的道教艺术瑰宝[J].走向世界,2017(47):52-55.
② 范宝伟,谭常云,衣华鹏,等.大樱桃栽培对土壤养分状况的影响[J].北方园艺,2010(1):50-52.

(2) 社会文化环境

福山特殊的地域状况和文化景观为福山雷鼓的产生、延续和发展提供了肥沃的土壤。关于福山雷鼓的形成有两种说法：一是在战国时形成的，与鼓舞士兵士气有关。二是祭祀鼓。从宋家疃村东的三官庙到钟鼓楼，从其鼓面绘制的太极阴阳图到旧时福山最大的太平顶庙会，都能看出雷鼓是道教祭祀活动的重要内容，据说是栖霞市的八卦鼓舞向东传播到烟台市福山区，从而演变成福山雷鼓。

3. 内容

福山雷鼓没有乐队伴奏，只是不断地变换着击打鼓面和鼓边。全队的动作起止、节奏、顺序，由鼓头统一指挥，击鼓的节奏与动作可无限反复。雷鼓表演的人数不限，一般在8~12人以上。表演者排成两路纵队，大鼓斜挎在腹部，右手执鼓槌，左手扶鼓边，边行进边舞鼓。鼓槌挥舞，时而打鼓面，时而击鼓边。鼓声沉脆相间，对比强烈，节奏和缓。雷鼓的动作粗犷威武，神气并举。在"耍会"队伍中，雷鼓气势宏大，鼓声似雷，闻者皆有肃穆之感。雷鼓的动作有它自身的特点，两纵队并列前进，无其他队形变化和穿插；表演时只能行进，不能后退；动作简练，步伐稳健，身体挺拔；弓步、马步、丁字步是其基本步法；立如塔松，弓如卧虎，稳如泰山，气势宏大。雷鼓动作的最大特点是在鼓穗的运用上，1米的长穗上甩立圆，下旋平圆，犹如剑穗的舞法，长穗上舞下旋，威武潇洒，粗犷豪放。

4. 特点

福山雷鼓在继承和借鉴的基础上不断创新，善于捕捉最具有朴实气息的方式，加以变化和夸张，从机械地击鼓，发展成击鼓与舞蹈动作的优美结合，给人以气势磅礴的视听感受和美的享受。

用夸张的方式突出动作，以达到技巧与艺术的有机结合，是雷鼓的又一独特之处。

5. 文化内涵

雷鼓与道教祭祀活动有关。福山雷鼓又称祭祀鼓。宋家疃村东的三管庙、钟鼓楼和雷鼓鼓面都绘有太极阴阳图。过去福山最大的太平顶庙会是由雷鼓开道的，由此可看出福山雷鼓是道教祭祀活动的重要内容之一。

6. 价值

福山雷鼓是福山民俗文化的缩影，寄寓了民俗的多重特性，是福山人民不可或缺的民间艺术形式。福山雷鼓的鼓谱没有一定的规律，套路都是当地老艺人自创的,是当地精神文化沉淀的结果,是当地人民群众集体智慧的结晶。加强对它的研究,对于人们更为深刻地理解胶东文化具有重要的作用。

7. 传承现状

李克明(2004年已逝世)作为三代鼓头为福山雷鼓培养了百余名青年鼓手,为福山雷鼓的传承与发展作出了重大的贡献。其侄子李培锋是最近一代鼓头,也是李克明唯一的鼓头传人。其表演既继承了老一辈的刚柔艺术,又赋予了福山雷鼓以现代人的"疯狂野性",并把乡野游艺的福山雷鼓带进了影剧院的大舞台。

(四)烟台市海阳市海阳大秧歌

1. 概述

海阳大秧歌诞生于海阳旧县城凤城,是流传在山东胶东半岛南翼——海阳地区的一种汉族民间舞蹈形式,是民间社火中的舞蹈部分,海阳大秧歌被当地人称为跑秧歌、耍秧歌或扭秧歌,是山东三大秧歌之一,它以"大"著称,又被称为海阳大秧歌。据《海阳县志》记载,海阳大秧歌有560年的历史,其表演风格质朴坦率、热烈欢快、风趣幽默、粗犷奔放。海阳大秧歌源远流长,有深厚的文化底蕴,是一种自娱性的艺术形式。据历史情况分析,海阳在明清时期,人口都是移民到这里的,因此其他地方的文化就很容易融入海阳大秧歌中,如海阳大秧歌借鉴了蜀歌、黄梅戏等成分,因此它是集歌、舞、戏于一体的民间艺术综合体,是海阳人民劳动艺术的结晶。2006年入选第一批国家级非物质文化遗产。

2. 起源

(1)自然地理环境

海阳市位于胶东半岛南部,它是北太平洋西海岸的沿海城镇之一,东临乳山、牟平,西临莱阳,北临栖霞,南临黄海,西南经丁字湾与即墨接壤。它位于烟台市南部。海阳市辖10个镇、732个村。在传统秧歌的基础上,不同村镇的人们根据他们的生活环境和习惯,对海阳大秧歌进行改编和创作,形成了自己村镇的特色。海阳北临丘陵和山脉,南临大海,中部和南部有小平原和河流,山海相连,风景秀丽,气候宜人,地理位置优越便利,成为海阳大秧歌产生和发展的沃土。过去海阳交通不便,与外接触少,较为闭塞,不会受到外来文化的入侵,才使得海阳大秧歌能够保存得相对完整,至今仍保留着本地特有的民风民俗和古朴风习。海阳的气候属于暖温带海洋性季风气候,全年雨量充沛,四季分明,夏无酷热,冬无严寒。海洋资源是海阳人赖以生存的关键要素,也是海洋文化形成的生态基础。因此,作为山东海洋文化的组成部分,海阳大秧歌能够在适宜的自然生态环境中生存、延续和传承。

(2) 社会文化环境

海阳的人文气息浓厚,这里的名胜古迹和纪念遗址有 30 多处,对海阳大秧歌影响最大的人文环境主要是东夷文化和齐鲁文化。东夷文化和齐鲁文化以及其他一些重要人文因素的融合,在海阳大秧歌中都有所体现,它们对海阳大秧歌的内容所蕴含的文化起着决定性的作用。

3. 内容

海阳大秧歌素以粗犷奔放、感情充沛、风趣幽默的表演风格著称于世。海阳东部沿海地区和西部内陆地区的人们在生活上差异很大。生活在西部的人们注重农业经济,而东部的人们更注重海洋经济的发展。东西两部的两种不同的生活环境,也创造出了迥异的东西艺术风格,分别称为东秧歌和西秧歌,有大架子秧歌和小架子秧歌两种不同的风格。大架子秧歌主要分布在海阳东部和南部地区(如大辛家、朱吴镇、东村、凤城、盘石镇、留格庄等地方),是海阳大秧歌的基本风格和特色。[①] 演员跑阵气势宏大、变化多端,令观众目不暇接,注重节目的整体配合及欢乐气氛的营造。表演时节奏收放有度、忽快忽慢、跌宕起伏,演员的动作幅度很大。大、豪放、有气势、带动气氛等都是大架子秧歌中的典型舞蹈特征。小架子秧歌在海阳西北部地区流传,如大阎家、小纪镇、辛安镇、行村、二十里店等乡镇。小架子秧歌柔美细腻,除打击乐伴奏外,还配有唢呐、笙、笛等乐器。其队形排列比较严谨,整体变化非常流畅,以跑阵为主,俗有"跑秧歌"之说。跑阵讲究线条清晰、流畅、简洁,节奏明快,舞蹈动作幅度、力度较小,追求韵味、含蓄,注重情感的表达及与观众的交流。由于现在人们都比较忙碌,无暇去注重细腻和柔和的层面,再加上小架子秧歌的乐器比较复杂,吹奏乐器和弦乐器没有音乐功底是演奏不了的,因此小架子秧歌流传很少,不是当地主要的演出形式,只有少部分村落还保留着一些小架子秧歌的痕迹,在演出时,大多将小架子秧歌的元素融入大架子秧歌中,组合成为新的大秧歌。在表演形式上,分大场子和小场子两种,大场子是群舞,锣鼓铿锵、万马奔腾,宛若大河滔滔。小场子多是双人舞、多人舞,恰似小桥流水,一波三折,美不胜收。海阳大秧歌的角色队伍主要由 3 个部分组成:最前列的是执事部分,由彩旗、三眼

---

① 于倩. 山东海阳秧歌舞蹈文化特征探究[D]. 济南:山东师范大学,2011.

铳、大锣、香盘组成。其次是乐队,包括堂锣、大钹、小钹、大锣、大鼓等。最后是表演舞队,主要有花鼓、乐大夫、翠花、货郎、箍漏匠及一部分杂角。①

4. 特点

(1) 仪式性色彩更加强烈,浓郁的人文雅乐气息

海阳大秧歌最初是一种宫廷表演形式,用于古代祭祀或歌功颂德。由于深受齐鲁文化的影响,秧歌队的礼仪简单、队形庄重、结构严谨,这与明清以来海阳官府崇尚祭孔雅乐有关。与鼓子秧歌和胶州秧歌相比,海阳大秧歌的仪式色彩更加丰富,比较正式、大气、辉煌、内敛,但也不乏灵活。海阳大秧歌起源于宫廷,所以从某种意义上说,它是一种高雅的艺术形式,具有一定的贵族气息。它既有气势磅礴的大架子秧歌,也有幽默诙谐的小架子秧歌。从现存秧歌的形式和内容可以判断,海阳大秧歌是民间艺术与宫廷艺术结合的产物,至今仍保存着民间的"俗"和宫廷的"礼"两种特质。②

(2) 大气为本

海阳大秧歌的阵容庞大,位居山东三大秧歌之首,形成了海阳大秧歌磅礴的表演气势。秧歌队的组队可达上百人,角色众多,气势恢宏,这是在其他秧歌中很难看到的宏大场面。③

(3) 舞法上体现大气与灵气的完美结合

海阳大秧歌讲究边跑边扭、跑扭结合的舞蹈技法。女角通常以扭腰和摆肩为主要表演手段,表现出"扭"的美和"跑"的力度,展现女性角色的个性和韵律美;男角注重动作技法的复杂性,动作起伏很大,身体姿势和步法变化多样,展现其男子气概。海阳大秧歌的表演要求演员的肢体更加灵活且有一定的自控能力,技巧功力要较深厚,因此,海阳大秧歌既有北方人的大气,又有胶东半岛人民的灵气。

(4) 体现武术精髓

据《莱阳县志》记载,清朝乾隆年间,海阳大力推广习武、健身之风,处处设拳坊。当时有"螳螂"和"八卦"两种武术门类,海阳大秧歌中也融入了当地的武术精髓,这也是海阳大秧歌区别于其他秧歌的最重要的一点。花鼓、乐大夫等男角的舞蹈动作中融入了一些武术元素,动作幅度大,表演夸张,亦有"螳螂门"

---

① 蔡蓉蓉. 海阳大秧歌的生存现状与特征研究[D]. 青岛:青岛大学,2016.
② 邢楠楠. 人类学视域下的秧歌民俗文化生态考察:以海阳秧歌为个案[J]. 民俗研究,2015(4):112-118.
③ 邢楠楠. 山东民间三大秧歌的艺术表现形式研究[D]. 济南:山东大学,2015.

和"八卦门"两种门派的表演,且一直传延至今。① 霸王鞭的表演借鉴武术中棍与鞭的套路,但可惜的是霸王鞭在现今的秧歌中都没有保留,几乎已经失传。

5. 文化内涵

海阳"壮于山而雄于海"的独特地理环境,造就了其农业文化和海洋文化的文化特色;海阳古时属于齐国,齐人自由开放的意识、开拓进取的创新精神深植于海阳人的内心。海阳大秧歌受多元文化的影响,具有很强的礼仪文化特征和祭祀文化特征,海阳大秧歌中男角的特征也是区别于其他秧歌的重要方面。

(1) 海洋祭祀文化特征

角色名称及意义、脸谱、音乐节奏等都可体现其海洋文化的特征。海阳大秧歌的锣鼓伴奏都基于一种叫作"渔夫斗老鳖"的"水斗"节奏。海阳大秧歌与祭海仪式相辅相成、相互依存。祭海是海阳大秧歌的重要内容和生存空间,祭海也同样离不开海阳大秧歌的表演。海阳地区祭祀的种类很多,供奉祭祀的种类也五花八门。海阳大秧歌的九九八十一大礼只有在每年参拜"娘娘驾"的时候才会用,并且是海阳大秧歌非常重要的民间习俗。①时至今日,海阳地区的海洋习俗和信仰已成为海阳人生活的一部分,并代代相传。

(2) 礼仪文化特征

海阳大秧歌起源于古代的祭祀舞蹈,具有祭祀文化,且受齐鲁文化和东夷文化的影响,十分重视礼仪。海阳大秧歌的表演仪式严谨、系统、规范,体现了儒家"礼"的思想。海阳大秧歌有着如此庞大而严谨的仪式,这与海阳人深厚的崇礼、重义的意识有关。究其深层原因,一是齐文化的渗透。自古以来,齐国人信仰鬼神,有许多海洋仙子的传说,为海阳人的精神信仰提供了依据。海阳人对自己的祖先和神有着很深的信仰,他们用宏大的仪式来祈求平安吉祥、风调雨顺。② 二是受移民文化的影响,移民带来的冲击也只有靠"礼"和"义"来维持正常的秩序。海阳大秧歌亘古不变的规矩"先拜祖宗后要景"、祭拜祖先神灵时必行"三进三出""三拜九叩"的大礼,体现了海阳大秧歌对儒家文化思想中"礼乐"的推崇。在海阳大秧歌的仪式程序中,礼乐等级制度观念意识较强,在早期祭拜神灵这一程序中有着明确的规定,女性角色不允许进家庙行祭拜仪式。海阳大秧歌文化中有较为明显的礼仪性体现,逢年过节,相邻村落的乡民会以舞秧歌拜年,同样,舞秧歌时要遵从秧歌礼节:仪式开始前,表演者需向对方行深鞠礼,在表演前和表演后,秧歌队都要行三进三出之礼,这种表演礼节在其他民

---

① 蔡蓉蓉.海阳大秧歌的生存现状与特征研究[D].青岛:青岛大学,2016.
② 于倩.山东海阳秧歌舞蹈文化特征探究[D].济南:山东师范大学,2011.

间舞蹈中是不常见的。海阳大秧歌文化中的礼仪性,是儒家文化对山东乡俗礼仪影响的结果,更取决于民间生活实践。

(3) 农耕文化的彰显

与鼓子秧歌和胶州秧歌相比,海阳大秧歌的人物角色更具观赏性,其人物角色都是在现实生活中提炼和演变而来的。特别是"箍漏匠"和"王大娘",充分展现了农耕文化下现实生活中人的最本真性情。王大娘的文化溯源也是农耕文化的缩影,人们对狐仙的信仰,仍未脱离古老的农耕文化的范畴。在海阳大秧歌耍小场的环节中,基本上没有礼节的限制。人们抛弃了许多道德、礼教,处于一种绝对放松的状态。他们表演时的诙谐幽默以及强烈反仪式的生活动作,充分展示了农业文化下海阳人的朴实与可爱。①

(4) 海洋文化的体现

海阳大秧歌中男角的舞蹈动作大方有度,女角的动作韵律鲜明,脚舔地、膝靠紧,进退摆胯身微提,左拧右旋腰眼活,上翻下扑胸开合。其中大翻身、大扑身、大闪腰等动作都是以腰部的力量带动上身整体运动的舞蹈韵律,反映渔民在捕鱼、摇橹时的生产劳作特征,其舞蹈动作表现具有很强的海洋文化特色。②

(5) 男性文化特征

在过去,海阳大秧歌的表演不允许女性参加,所有角色都由男性来扮演。随着社会的进步,女性也加入了秧歌队,并与男性角色互动,但风格迥然不同。男性扭秧歌时充满了阳刚之气,具有"战斗性",且在角色、音乐伴奏和音乐方面都体现着男性文化特征:能够代表男性阳刚之气的角色就是乐大夫和花鼓、霸王鞭的角色;打击乐器的演员都是男性;在海阳大秧歌中的唱词,如《大夫调》《货郎调》《花鼓调》等一般都是由男性角色来唱的。再者,在海阳大秧歌众多男性角色中,有很强的"斗"(如乐大夫和花鼓,代表男性的刚强)和"逗"(丑角,展现男性的幽默、柔美)的男性特征,且这两种特征在海阳大秧歌中的过渡与结合都非常自然,这也成为了海阳大秧歌最具特色的男性特征。③

(6) 图腾崇拜的遗存

海阳大秧歌中的图腾崇拜主要体现在鸟崇拜和龙崇拜中。海阳大秧歌中有很多动作都是从日常生活中提炼而来的,演场的单、双人舞表演尤为明显。在这些林林总总的舞蹈动作中,有许多又是以鸟类的相关词语来命名的,如"金

---

① 朱济光. 论山东三大秧歌在当代的新视野[D]. 济南:山东师范大学,2012.
② 邢楠楠. 山东民间三大秧歌的艺术表现形式研究[D]. 济南:山东大学,2015.
③ 蔡蓉蓉. 海阳大秧歌的生存现状与特征研究[D]. 青岛:青岛大学,2016.

鸡报晓""金鸡沐浴""喜鹊衔梅""白鹤踏月""凤踩牡丹""紫风朝阳""凤凰三点头"等,在具体动作上也会模仿鸟类的造型与动态。分析这些与生活有诸多关联的动作名称可以看到,鸡在现实生活中因能为人们的物质生活作出贡献,而被大量运用到舞蹈中去。同时,亦可以看作是东夷先祖鸟图腾崇拜意识在海阳大秧歌舞蹈中的遗存。在海阳,每年正月十三(龙王生日,又称"海生日")必将举办隆重的祭海仪式①,而海阳大秧歌则是祭海仪式中的重头戏,体现了海阳人"龙崇拜"的意识。海阳大秧歌的"龙摆尾""龙盘尾""二龙吐须"等队形变化也体现着"龙崇拜"的意识。而且,海阳大秧歌的队形充满着连绵不断、曲折回环的线条美,这与龙蜿蜒升腾、曲折回环的形态不谋而合,可以说在某种程度上受到"龙崇拜"的影响。

(7) 道教文化的体现

从队形方面,海阳大秧歌的演员总是围绕着一个看不见的核心轴来运动,遵循向心性的原则。海阳大秧歌的阵势图不管路线多复杂,都受到一个中心点的牵制,且在大中心周围还有许多小中心。这种大圆套小圆,万舞皆以中心走圆,终点回归起点的套路,是道教文化"天人合一"的体现。海阳大秧歌阵势队形的严谨也传承了道教的刻板、保守、封闭的特点。海阳大秧歌男性角色的动作动律中有拳术融入,当时海阳村民练习的"八卦拳"(即太极拳)也是道教的内家拳。

6. 价值

(1) 对舞者身体活动的价值

海阳大秧歌在舞蹈训练方面对舞者的身体活动价值体现在以下几个方面:首先,它讲究气息的运用、呼吸的控制,让气息成为身体运动的先导,引领着肢体各部分的协调运作。其次,海阳大秧歌极其注意身体各部位的"活泛",对身体灵活性的训练方面同样具有良好的效果,经过一段时间的训练后,身体控制力增强,灵活能力提高,脚跟能扎稳,身体更加富有韧性。最后,海阳大秧歌舞蹈动作的"抻到尽头、极致舒展",可增强身体的柔韧性,提高各部位的延展性,拉伸韧带,延长抻的极限,对提高舞者的舞蹈艺术表现力有积极的效果②,③。传统的海阳大秧歌受民间习武之风影响颇深,对身体锻炼具有很好的价值。在清朝嘉庆年间,螳螂拳师和八卦拳师逐渐规范了大架子秧歌的武术动作。受传

---

① 于倩. 山东海阳秧歌舞蹈文化特征探究[D]. 济南:山东师范大学,2011.
② 邢楠楠. 山东民间三大秧歌的艺术表现形式研究[D]. 济南:山东大学,2015.
③ 冷英嘉. 山东秧歌对舞者身体素质的训练价值[J]. 音乐时空,2013(10):77-78.

统八卦风格的影响,其乐大夫的表演形随神动,眼随形走,注重手、眼、身、法、步的紧密配合,弓步、马步、仆步,架势规范到位。花鼓这一人物,动作敏捷稳健、刚柔相济,更多地沿用了武术的套路。像击鼓中的跳、转、踢、跨等下身体态特征与陕北安塞腰鼓中的转身跳跃踢腿打、跳跃腾空接跪打、有力跨步打、翻个跟头蹲步打等动作特征有些神似。

(2) 对舞者女性形象气质养成的价值

海阳大秧歌女性舞者的形象气质,具有中国汉文化的典型形象特征,流露出汉族女性的典雅、端庄、大气、虞智之美,而典雅端庄中又不失妩媚与含蓄,柔韧中又透有热情与泼辣。"提、探、拧"是海阳大秧歌中女性基本形态的风格特征:"提"的是气,表的是情,满而不露、松而不懈;"探"的是心,呈现情深意浓的深邃之美;"拧"的是腰,拧出丰润饱满、婀娜多姿的肢体韵律。海阳大秧歌中的女性舞者,在含蓄中尽显汉文化传统审美的典型特征:端庄典雅、妩媚动人、质朴自然、真实纯熟,极具中国传统文化气质。[①]

(3) 健身娱乐价值

海阳大秧歌作为中国传统的民间艺术,更是一种老少皆宜的体育运动,对参与者的身心有着积极的影响。海阳大秧歌独特的自身特点使其具备了缓和参与者压力的能力:其一,海阳大秧歌作为历史悠久的传统民间艺术,有着极其良好的群众基础。参与者不自觉地在音乐的伴奏下,踩着鼓点,或持道具,或徒手舞之蹈之,其情景很是舒心。在农村普及是全民健身计划的薄弱环节,秧歌是一种土生土长的民间艺术形式,有着深厚的群众基础,如果在农村进行扩展,有着得天独厚的条件,不仅有利于海阳大秧歌的传承与发展,而且对丰富农村居民的精神生活,促进农村居民的身心健康有重要作用。其二,由于我国的老龄化急速加剧,越来越多的老年人心理问题亟须关注,舞秧歌的好处此时不言而喻,它不仅能帮助老年人排解心中的孤独感和寂寞感,而且能丰富老年人的晚年精神生活,对促进老年人的身心健康十分有好处。秧歌是一种群体性的社会活动,它不仅丰富着人们的业余生活,还为人们的人际交往活动提供了新的环境,搭建健康和谐的人际关系平台,在不断的秧歌锻炼中,人们结识了新朋友,精神生活也更加丰富。

(4) 经济价值

在每年的五一、十一、元旦、春节、元宵节等传统节日中,庞大的秧歌队走街

[①] 邵德兰.海阳秧歌的训练价值和动作规律[J].青年文学家,2013(20):198.

串巷,摆阵式,拉大场,给人们带来节日的热闹气氛和欢乐氛围;在工厂、公司的开业庆典、招商引资中也常能看到大型秧歌队的精彩助兴表演。在市场经济条件下,一方面独特的民间艺术表演为商家带来了前所未有的宣传效果和热闹气氛,满足了商家的商业目的;另一方面,独具地方文化特色的民间艺术表演也推动了海阳大秧歌的进一步发展,增加了海阳大秧歌本身的社会价值。

7. 传承现状

海阳大秧歌原是民间自发组织的综合艺术,没有统一的组织形式,遍布整个海阳。一般村里会组织会跳的乡亲们参加表演。由于秧歌没有真正的师承传授,加上村里的秧歌表演者大多没有好的舞蹈功底,因此就需要专业的团队来对其进行包装,包装后的海阳大秧歌既保留了海阳大秧歌原有的传统,又加入了一些潮流元素。[①]

(1) 近几年秧歌队逐渐减少,较活跃的村落秧歌各有特色

海阳的乡村秧歌队过去非常多,几乎村村都有,现在比较活跃的大概有30多个村落。每个村落的秧歌队都独具特色,其中盘石店镇薛家村秧歌队的秧歌是非常具有特色的。薛家村秧歌队的传承方式有两种:一种是由秧歌世家家族传授;另一种是请有名的老艺人来村里教授。

(2) 组织各种秧歌队

为了更好地对海阳大秧歌进行传承,海阳市组织了各类群体的秧歌队,如儿童秧歌队、老人秧歌队和单位秧歌队等。海阳大秧歌过去"抓胎"的秧歌传承方式,就是从小时候抓起,很多秧歌世家的老艺人都是在很小的时候就跟着家人学习秧歌表演。现在的孩子们一般是在假期跟着师傅学习,到了腊月参加演出。老人秧歌队也成为海阳大秧歌最独特的一道风景,一般秧歌队的主力都是40~70岁的人们,基本都是从小演到老,秧歌已经是其生活中很重要的一部分,已经完全融入了他们的生活中。在海阳,最具特色的一支老年人组成的队伍就是老干部局秧歌队。海阳市委、市政府对海阳大秧歌高度重视,海阳大秧歌已经从农村普及到学校、机关、单位、团体等,其中经常参加比赛的队伍是方圆集团职工秧歌队和文化秧歌队。

(3) 海阳大秧歌的传承还依赖于重要节日及大型活动

现在海阳依旧保留着秧歌队的传统拜年形式,还有新元广场秧歌汇演、正月十三祭海等大型活动。春节是海阳大秧歌表演的最重要的节日。刚进腊月,

---

① 蔡蓉蓉.海阳大秧歌的生存现状与特征研究[D].青岛:青岛大学,2016.

村里就开始组织秧歌练习表演,从初一"悦庙",接着再"拜大户",从正月初三开始,各个村就陆续开始走街串巷"包头"表演秧歌。正月十一祭拜庄稼神、正月十五闹元宵、二月二龙抬头的日子都是有秧歌表演的。2004年开始在新元广场举行海阳大秧歌秧歌节,后来秧歌节转变成秧歌汇演。每年的正月十三早上,沿海村开始举办民间秧歌祭祀,每年会请4支秧歌队到海阳港进行祭海仪式。

(4) 海阳大秧歌文化内涵的缺失

海阳大秧歌文化内涵的缺失主要体现在以下几个方面:农村休闲娱乐方式多样化使得海阳大秧歌中的祭祀性、礼仪性减弱;秧歌急剧衰落,现在已经完全退出了舞台;武术风格弱化,甚至出现衰亡的迹象;秧歌形式简化,少了许多乡土气息;潜心从事海阳大秧歌的专业人士在急剧减少,传承人青黄不接;过分追求经济价值,损害了秧歌的原生态。

(五) 青岛市莱西市莱西秧歌

1. 概述

莱西秧歌又称跑秧歌,是广场式、群众性的民间舞蹈,集舞蹈、戏剧、音乐等多种元素于一体。舞蹈主要体现在各种队形的变化上,俗称跑画面,用不同的画面来间隔戏剧的场次,画面的组织跑动具有极强的流动图案之美;戏剧部分在秧歌中表演的是家庭伦理、道德教化等故事,俗称秧歌戏;音乐分为舞蹈伴奏音乐与戏剧唱腔音乐。莱西秧歌以农历冬月至来年三月为活动期,春节前后与正月十五活动最为火爆。2009年莱西秧歌入选山东省第二批省级非物质文化遗产。

2. 起源

(1) 自然地理环境

莱西市位于胶东半岛中部,有"青岛后花园"之称,交通发达,是烟台、青岛、潍坊3座城市的交通枢纽,是沿海地区对外开放县市之一。北部为低山、丘陵,中部为缓坡、平原,南部为碟形洼地,地势总体北高南低,气候为温带大陆性季风气候,季风进退和四季变化都较为明显。[①]

(2) 社会文化环境

莱西风光秀丽,人文历史厚重。莱西自新石器时期到现在一直是胶州半岛

---

① 姜雪,段克,陈国玉,等. 基于GIS的莱西市农田土壤资源评价[J]. 畜牧与饲料科学,2010,31(2):1-4.

的经济、文化、政治中心,主要体现在以下3个方面:①莱西处于古莱国的中心位置。②其自然环境优越,适合农业文化发展。③莱西具有丰厚的文化遗存,至今在莱西已发现30多处史前遗址。无论是从历史时期追溯还是从地域空间寻找,莱西都直接承载着胶东古国(古莱国)的血脉,自上古时代起莱西就是原始先民莱夷人的繁衍生息之地。华夏文化由华文化和夏文华构成,而华文化是由胶东半岛的古莱夷人创造的,其璀璨的古莱夷文化是古华夏文化之源。因此,莱西是一个典型的古代人文地理地区,具有自身的古文化和古城古国史,并有着从原始到文明的完整过程。[①]

3. 内容

莱西秧歌分为秧歌表演和演秧歌戏两部分,秧歌表演又称跑秧歌,技术不高,人人都能跑,村村都能办,俗称"子弟班"。能演秧歌戏的多为几个村联合组织集合起来的各种人才,俗称"江湖班"。后来,莱西秧歌受到新文化思潮的影响,在表演中加入了活报剧、小歌剧等元素,形式灵活,内容风趣,更受人们欢迎。莱西秧歌的角色主要有乐大夫(秧歌演出的组织者与指挥者)、嫚儿(秧歌表演中负责舞队表演,起到组合画面的作用)、老头儿(秧歌戏中的角色)、善婆(秧歌戏中的角色,秧歌表演时负责在舞队中跑动)、小生(秧歌戏中的角色)、丑婆(舞队表演中的重要角色)等。莱西秧歌中丑婆一角别具特色,其表演不拘形式、泼辣大方、诙谐风趣、幽默滑稽,在秧歌表演中可与每一个角色打逗,一般由男性担任这个角色,其动作力度大,跑、跳、打、斗极尽其能,与其他类别的秧歌有一定区别。

4. 特点

莱西秧歌舞蹈队以队形变化为主,又称跑画面,队形多样,环环相扣、繁简相宜,画面流动不止,优美的图形和群体很是协调,极具观赏性,是莱西秧歌与其他秧歌的明显区别。

莱西秧歌表演场地的划分也和其他秧歌有所区别:其秧歌舞队表演在场内两边,中间为秧歌戏表演的场地,场地区分比较明显。

5. 文化内涵

莱西是古莱夷文化、古莱国的发祥地,因此莱西秧歌受其文化的影响,主要表现在莱西秧歌的起源上。这可从莱西秧歌中"乐大夫""嫚儿""丑婆"等角色与古舞中"巫""现""竹杆子""参军色"等角色在舞蹈中的职能相比得到印证,因

---

① 宋武.莱西与古莱夷文化初探[J].山东档案,2013(6):51-54.

此，莱西秧歌可能起源于古舞，然后流行于民间，经过几个朝代的更迭、变化，尤其是历史上几次大的民族迁徙，逐步丰富，形成莱西秧歌独有的表现形式。

6. 价值

（1）健身娱乐价值

莱西秧歌集舞蹈、戏剧、音乐于一身，舍去秧歌与戏，其舞蹈可以用来强身健体；舍去舞蹈，演出秧歌戏可娱乐身心，陶冶情操。

（2）历史文化价值

莱西是古莱夷文化的发祥地，其秧歌随着社会的变迁融入了不同时期的民风，因此，对莱西秧歌文化内涵的深入挖掘对于研究莱西地区的历史文化具有重要的意义。

7. 传承现状

现在，莱西创建了秧歌培训班，举办了秧歌大赛，每年正月十五有"秧歌闹春""秧歌拜年"等广场演出活动，使得莱西秧歌的流传更加广泛。

（六）青岛市胶州市胶州秧歌

1. 概述

胶州秧歌又称跑秧歌、地秧歌，当地民间称其为三道弯、扭断腰。它是山东省传统民俗舞蹈之一，也是山东三大秧歌之一。《青岛文化志》说胶州秧歌的发祥地是马店东小屯，但胶州秧歌究竟起源于何时，至今尚无定论。胶州秧歌以其辉煌的艺术魅力全国闻名，并在2006年入选国家级非物质文化遗产。

2. 起源

胶州秧歌有跑场秧歌（属于民间舞蹈）与小戏秧歌（属于歌舞剧，为口头创作，且目前大部分已濒临失传）两种表演形式。胶州秧歌可细分为以刘彩为代表的文秧歌（又称东路秧歌，其风格细腻、柔美、舒展）和以陈銮增为代表的武秧歌（又称西路秧歌，其风格粗犷、火爆、豪放）两个流派。后来文武两派相互竞争，又相互学习，到2012年逐渐融为一体。

3. 内容

胶州秧歌是广场艺术，在村中的空地进行演出，其表演流程为迎秧歌、拜庙、拜爷、演出、领赏，演出分早、中、晚3场。[①] 后来，这种演出习俗也逐渐消失。胶州秧歌中有6个角色：膏药客、翠花、扇女、小嫚、棒槌、鼓子，演员通常为24

---

① 苏堇.扭起秧歌，留住记忆[J].走向世界，2018(10)：40-41.

人,其演出过程总是依照开场白、跑场、小戏的先后顺序进行。跑场队形主要有大摆队、四门斗、十字梅、绳子头、两扇门等。①

4. 特点

三道弯是胶州秧歌舞蹈中最典型的风格特征。胶州秧歌中的三道弯是上臂、手、腰、腿、脚全身性的,在音乐节奏下进行律动,在特定的空间内完成整个身体的扭动。三道弯是民间女性角色最有代表性的动作②,是胶州秧歌女角的基本动作特征,体现了胶州秧歌韵律的民族性、地域性、民俗性,其腰、臂、肩部动作的柔美性与腿部动作的含蓄表现无不体现着儒家思想对民间文化的渗透。③ 胶州秧歌注重"扭",扭断腰说明其舞蹈技艺的精湛之处。胶州秧歌中扭断腰形容腰部运动很激烈,幅度很大,力度很强。通常用抻、韧、碾、拧、扭5个字便可非常形象且精确地概括出胶州秧歌的动作特点。"三弯九动十八态"是对胶州秧歌曼妙舞姿的形象描述。胶州秧歌具有"快发力慢延伸"的舞蹈节奏特点,民间吹打乐伴奏音乐中用大量的附点音符来表现胶州秧歌"慢做快收"的动律特点,将"抻"和"韧"的感觉充分地表现出来。

5. 文化内涵

胶州秧歌受齐文化的影响,造就了胶州秧歌的功利色彩。胶州秧歌有一整套约定俗成的演出模式与体系。胶州秧歌结束时的"领赏"环节具有鲜明的商业色彩,相比于鼓子秧歌和海阳大秧歌,其娱人色彩较浓,而娱神性及仪式性弱于其他两种秧歌。齐文化下的胶州秧歌透出了空灵、轻松的气息。"抬重、落轻、走飘、活动起来扭断腰"的风格和动律,以及"拧、扭、绕、推、翻"的完美配合,无不呈现出胶州秧歌的空灵之感。胶州秧歌典型的步伐丁字步正是源于道教的罡法——丁字九步,只不过经过在民间300多年的不断演变,抛弃了道教丁字九步的僵化,使得现在胶州秧歌中的丁字步变得活泼而具有观赏性。胶州秧歌的常用队形为"四门斗"队形,也显示出了道教文化对其的影响。

6. 价值

胶州秧歌活跃于民间,在发展中自行流变,是群众自发参与、自娱自乐的广场民间艺术,展现了胶东农村女性特有的健美体态和魅力,具有较高的审美价值和艺术研究价值。

---

① 吴建星.冀东秧歌与中国北方其他秧歌的比较研究[D].保定:河北大学,2015.
② 朱济光.论山东三大秧歌在当代的新视野[D].济南:山东师范大学,2012.
③ 邢楠楠.山东民间三大秧歌的艺术表现形式研究[D].济南:山东大学,2015.

7. 传承现状

随着城镇化的发展,胶州大部分村落都已经改为各种办事处及社区,村中原有的秧歌艺人已被安置在各个企业中,村中的秧歌传承艺人明显减少。好在每逢秧歌活动,村里对秧歌的组织还比较上心,村民依然自觉、自发地参与到活动中来,呈现出秧歌活动依旧盛行的现象,从而使得胶州秧歌在自然状态下,以自发、自觉的组织和参与方式传承下去。胶州秧歌是山东省三大秧歌里在广大人民群众中流传最广、最为活跃的一种,现已成为全国艺术院校民间舞蹈的必修课程,并被编入艺术院校的舞蹈教材中。①

(七)潍坊市高密市地秧歌

1. 概述

地秧歌源于高密市,乡民因旱涝灾害成群结队地到玉皇庙祭祀,以地秧歌的形式祈福,后来演绎为每年春节、元宵节都要以地秧歌来互相庆贺和欢度节日。地秧歌也称地跷、秧歌耍、秧歌戏、扮秧歌等。高密市地秧歌作为一种传统的民间艺术,流传至今,已有千余年历史。男女演员脚穿一种10多厘米的木跷腿,手里拿着各种道具,一边唱着一边扭着表演,走不快,故称地秧歌。因边唱边舞,特别热闹,在全国各地的秧歌表演中,具有独特之处,所以比一般的高跷表演更具观赏性和普及性。高密市地秧歌是高密独有的一种民间歌舞艺术。2009年,高密市地秧歌入选山东省第二批省级非物质文化遗产。

2. 起源

(1) 自然地理环境

高密市隶属于山东省潍坊市,地处山东半岛东部胶东地区,胶莱平原腹地,东邻胶州市,西依安丘市、昌邑市,南连诸城市,北接平度市。高密市地势南高北低,属暖温带大陆性半湿润季风气候,冬冷夏热,四季分明。

(2) 社会文化环境

高密市因盛产高粱而形成了独具特色的红高粱文化。高粱是高密人民较早种植的农作物之一,有5000多年的种植史。因高粱具有抗旱、耐涝、耐盐碱、耐瘠薄、耐高温、耐冷凉等多项优点,能获得稳定而较高的产量,所以一直是高密人民的主要粮食,也是酿酒的主要原料。随着社会发展,这种红高粱特质升华为高密的象征,形成独具特色的红高粱文化。

---

① 李琳.山东秧歌的传承趋向与发展策略[D].济南:山东大学,2018.

3. 内容

地秧歌的表演形式主要有大场秧歌、小场秧歌等。大场以舞为主,技巧比较多,小场以唱为主,曲调委婉抒情,易于煽动人的情绪。高密市地秧歌的表现形式有3种:一是小秧歌。这种表演一般有领唱、合唱,领唱的即秧歌头,在正式开始表演之前,先上场跑一圈龙套,即兴发挥来一段开场白,起到开场和引子的作用,然后再由表演队伍上场,一边表演一边唱,各个秧歌队排练的节目不一样,都是根据自己的条件各显其能,各种形式都很普遍。跑大场时全体跑各种队形,如龙摆尾、四门斗、五谷串心、双关门、别杖子、三人剪子股等。二是秧歌戏。由几个人扮演不同的角色,进行有故事情节的表演,既有秧歌成分,也有小戏特点,所以称为秧歌戏。这种秧歌戏表演情节简单、化妆简单、道具简单、时间短,唱腔为民间秧歌小调,迈着秧歌步表演,很有味道。三是边走边舞边唱的秧歌。这种形式人数较多,歌舞结合,一边扭着秧歌步走,一边表演动作,手里的道具有花伞、手帕、扇子、花环、竹板、彩球等,表演队伍走街串巷,拜年助兴。地秧歌的角色有秧歌头(也称膏药头、伞头,整个队伍表演的核心指挥人物)、老旦(也称大老婆)、和尚、腊花(也称二老婆、三老婆)、小曼(也称小汤罗)。女角踏地跷,舞扇巾;男角背腰鼓,打棒槌。先跑场后唱戏。只有城西一带的地秧歌,跑场时怀抱灯笼。高密市地秧歌的音乐曲目以民歌小调为主,还有老腔、小腔、秧歌头调、腊花调、鼓子调、老旦调等;乐器主要有皮锣、大钹、小钹、鼓、唢呐等。高密市地秧歌的演出,从每年正月初三开始到正月十五结束。演出时,先在本村演出到初八。初九这一天,因是玉皇大帝的生日,所以各村的秧歌队都出村表演,竞相献技(此习俗仍保留至今),之后几日均在外村演出,相互祝福,祈盼来年风调雨顺。

4. 特点

群众基础广泛。因演员脚踩地跷,所以不宜在室内舞台表演,更适于在街头表演,因此地秧歌更接近群众,更易被群众接受。

5. 文化内涵

地秧歌由原始的祭祀活动发展而来,其演出本身蕴含着祝福、愿望和期盼,表现出当地人民群众的心理活动。由于长期和宗教祭祀活动相联系,演出的剧目多反映一些家庭伦理、劝人为善、鞭挞邪恶的内容。

6. 价值

地秧歌是高密独有的艺术财富,其流动性的演出,促进了各地之间的信息交流与文化交流,丰富了人们的精神文化生活。

7. 传承现状

高密市地秧歌是在过去很长一段时间内给我们的生活带来无限欢乐的街头表演艺术,它既是街头高跷、旱船、舞狮、舞龙的并蒂莲,也是众生潇洒欢乐的民间歌舞。但当前,地秧歌也面临着严峻的创新和保护问题。除了内容陈旧落后之外,表现形式也明显落伍,且由于地秧歌这种表演艺术多是群众自发参与、自主排练、自愿演出的,基本没有经济回报,因而随着老一辈演员人数的不断减少,愿意学习、从事这项表演艺术的年轻人少之又少,地秧歌也面临着传承的问题。为了更好地传承,必须积极改革创新,使其不断适应现代人的文化审美需求;适时举办秧歌舞蹈大赛,鼓励各镇街组织秧歌队,使这种群众喜闻乐见的独特表演艺术更多地走进校园、景区、社区等,更好地走入现代生活中,寻求更广泛的生存空间。

二、胶东沿海地区祭海民俗及祭海民俗体育的传承

(一)祭海民俗

1. 祭海节(青岛、烟台)

祭海节是一个因自然崇拜而形成的传统节日。祭海民俗是渔民在漫长的耕、海、牧、渔生活中创造的一种独具地域特色的民俗文化和渔家文化活动。[①]

最著名的祭海节是位于山东省青岛市即墨市田横镇周戈庄村的传统祭海活动,称为"周戈庄上网节",又称"祭海节",2006年正式定名为"田横祭海节",祭海节定为公历3月18日,至今已有500多年的历史,是中国北方规模最大的祭海节。自2004年起,祭海节挖掘散落民间的文化元素,新增了开船仪式、请财神、喝壮行酒、巨书表演、威风锣鼓、秦风唐韵、吴桥杂技、斗鸡、扭秧歌等民俗表演以及香饽饽面塑大赛、老照片展、祭海民俗摄影大赛、民俗研讨会等内容,丰富了祭海民俗的文化内涵。田横祭海节是古老的沿海人类文化活化石,具有较强的学术研究价值、文化价值和社会价值,2008年入选第二批国家级非物质文化遗产。经过几年的精心策划,田横祭海节已发展成为中国渔文化特色最浓郁、原始祭海仪式保存最完整、规模最大的民俗盛会。[②]

---

① 王元英. 新农村建设视角下非遗民俗旅游研究的意义:以即墨田横祭海为例[J]. 科技信息,2014(6):31-32.
② 王强武. 基于游客感知价值的田横岛祭海节开发研究[D]. 青岛:中国海洋大学,2011.

在山东省海阳市也有同样的祭祀活动,渔民认为农历正月十三是传统的海的"生日",每年这一天沿海渔民开始焚香化纸、燃放鞭炮烟花、朝着大海行叩拜礼、扭秧歌等开展祭海活动,祈盼一年风调雨顺,渔业丰收。在留格庄镇张家庄村的海边,随着震耳的鞭炮声和喧天的锣鼓声,一年一度的祭海仪式开始了,来自海阳全市各地的15支秧歌队逐一上场,海阳大秧歌自身所具有的民俗性和恢宏的气势与祭海活动交相辉映,赢得了村民的阵阵喝彩。铿锵的锣鼓,敲出了渔民对平安丰收的祈盼。在东海渔港码头,渔民精心打扮的猪头、整鸡、鲜鱼身披剪纸喜帖,寓意出海捕鱼能获得大丰收;同时秧歌、腰鼓等民间节目也精彩上演,前来祭海的秧歌队轮流叩拜,送上了渔民对全新一年的祈福。祭海节过后,渔民在修船、添置渔具等准备工作就绪后,就开始蓄帆向海,准备捕鱼了。

2. 渔灯节(烟台经济技术开发区、蓬莱)

渔灯节是山东省烟台市沿海特有的传统民俗节日,是从传统的元宵节中分化而来的一个专属渔民的节日,是烟台经济技术开发区及蓬莱沿海渔家文化的典型代表,流传于辖区内山后初家、芦洋、八角等十几个渔村。除了传统的祭祀活动外,在庙前搭台唱戏及锣鼓、秧歌、舞龙等亦是渔民民俗文化的重要组成部分。鲜明的渔家特色,丰富的文化内涵,吸引着来自世界各地的游客驻足。烟台经济技术开发区沿海渔民祭拜的海神对象是"海龙王"和"天后",距今已有500多年的历史,已入选国家级非物质文化遗产。

山后顾家村、初家村等的渔灯节时间为正月十三,其他村渔灯节的时间继续沿袭旧时的正月十四。每年正月十三或十四午后,沿海渔民每家每户都会自发地抬着祭品、扛着彩旗、放着鞭炮出发。先到海神娘娘庙或龙王庙送灯、祭神,祈求平安发财;再到渔船上祭海、祭船;最后,到海边放灯,祈求海神娘娘保佑自家渔船平安返航。除了这些传统的祭祀活动外,现在的渔灯节节日氛围愈加浓厚,增添了在庙前搭台唱戏以及在港口码头扭秧歌、踩高跷、舞龙等各种群众自娱自乐的表演活动。渔灯节是渔家文化的典型代表,它不仅是渔民的一项祭祀祈福活动,而且是渔民民俗文化的重要组成部分,具有鲜明的渔家特色和丰富的文化内涵,是其他传统民俗文化鲜有的。[①]

3. 渔民节(威海荣成、日照)

渔民节是沿海渔民共同的节日,是渔民在长期的生产劳作过程中形成的一种历史久远的传统民间习俗。从事海洋捕捞作业的人员和进行浅海养殖的人

---

① 同春芬,闫伟. 人神之间:胶东渔民祭海仪式的象征意义阐释[J]. 菏泽学院学报,2011,33(4):123-126.

员是参加渔民节活动的主要人员。

日照地处黄海之滨,沿海一带自古以渔业为生,并有祭海的习俗。日照当地渔民祭拜龙王,祈求渔业丰收、平安,久而久之便成习俗。传说农历6月13日是龙王的生日,每年的渔民节便定在这天在龙王庙举行。渔民节的活动内容极为丰富,包括开光、敬龙王、拿行、敬海神娘娘等活动,接着渔民们还会举行跳水族舞等民俗节庆活动。① 水族舞的造型多是鱼、鳖、虾、蟹、蚌,服装由竹篾、白绸布或绵纸扎制,再用彩笔勾画。水族舞的表演大致分两种形式:一是即兴表演,众多男女各依喜好,选择一种水族造型即兴表演。二是带有剧情的表演,表演时有水族造型和人物造型,以此来演绎寓言、伦理、爱情故事。由于带有剧情的水族舞运用拟人手法,情节曲折生动又贴近生活,因此它比即兴表演的水族舞更具魅力。

荣成市属于山东省威海市,其下辖院夼村,依山傍水、缺少耕地,因此全村人民世代以捕鱼为生。传统的谷雨渔民祭海仪式是该村的一项重要的传统民俗活动,又称渔民开洋、谢洋节、渔民节,2008年入选第二批国家级非物质文化遗产。院夼村渔民的祭祀仪式以祭拜海神龙王为主要内容,是含有历史、宗教、民俗、艺术等诸多文化元素的传统民间文化活动。祭祀活动分为3天:第1天准备祭品(准备充足以显诚意);第2天先到海神庙前祭拜(摆贡品、放鞭炮、烧香磕头、面海跪祭),再带祭品到海边行祭海、祭船活动;第3天(谷雨当天)全村渔民休息,大家欢聚一堂,共进美食美酒,共同欢乐。

(二)祭海民俗体育

1. 祭海民俗体育的概念界定

俗话说,"靠山吃山,靠海吃海",生生世世在沿海环境中生活的人们在与大海朝夕相处的时光里摸索出了自己的一套生活方式。为了能够与大海和谐相处,并得到海神的庇佑,引发了一系列祈求、祭祀、纪念海神等活动,并逐渐与当地习俗相融,作为特定节日和庆典活动在海岛居民的生活中流行起来,并流传至今。在这些节日、庆典中,常常有彰显特色、活跃气氛的体育活动,因此祭海民俗体育便在海岛祭祀活动中产生了。

祭海民俗体育是指在祭海过程中进行的民俗体育活动,是人们为了满足祭祀海神的需要,由一定民众创造,并逐渐为民众传承和享用,融入和依附于民众

---

① 林德山.日照民俗旅游开发研究[D].青岛:山东大学,2011.

日常生活的体育活动。①

2. 祭海民俗体育的特点

（1）祭祀性

祭海民俗体育作为祭海活动的组成部分，依托祭海这一背景，具有了祭祀性，表现了人们对海神的虔诚与敬意，象征了海岛居民对海岸和平、风调雨顺的追求与向往。

（2）健身娱乐性

祭海民俗体育是一种民俗体育活动，是民俗体育在祭海活动中的表演和人们日常生活中的活动方式，具备民俗体育健身娱乐的特点，对于表演者具有促进身心健康、增强体质、放松心情等健身娱乐功能，深受人们的喜爱。

（3）传承性

祭海民俗体育这一文化形态秉承着优秀的传统文化内涵，经过一代又一代的人们对它的继承、改造和升华，将传统文化活动的精髓传播给广大受众，将古老的文化在现代进行延伸并以现有的形式呈现在人们眼前，成为不断延续的活态文化，其根本就在于它的传承性，表现在它在时空上的延续性，形成了我们今天得以体验与感受的传统的祭海民俗体育表演形式。

（4）融合性

祭海民俗体育丰富的文化表现形式得益于它的融合性。它将符合民众精神文化需求、适合祭海大环境、在祭海仪式中有一定利用价值的民俗体育项目纳入囊中，成为祭海民俗体育的构成元素。现有的祭海民俗体育项目或没有列入祭海民俗的体育项目只有不断发展创新、不断满足海岛民众日益丰富的精神文化需求，才能在祭海民俗中生存。

3. 祭海民俗体育传承存在的问题及建议与措施

（1）祭海民俗体育表演人群老龄化严重

参与祭海民俗体育活动的年轻人的比例逐年下降，祭海民俗体育表演成了老年人的舞台。随着现代社会的发展，大部分沿海居民的主力军开始从事水产养殖、批发等行业，很少出海捕鱼，对海洋的依赖性降低，年轻人相较老年人对祭祀海神的愿望不那么强烈。现代文化日新月异，形式丰富多样，年轻人有更加丰富有趣的娱乐活动，使得他们对原汁原味的民俗体育项目的兴趣减弱。

---

① 蔡玲玲.烟台渔灯节祭海民俗体育文化的现代传承研究[D].济宁：曲阜师范大学，2014.

(2) 祭海民俗体育表演的活动时间缩短

祭海民俗体育活动在平时几乎不开展,只有在祭海节前一个月才开始排演组织,随着祭海节结束而结束,群众主动锻炼的意识和行为不足。祭海民俗体育活动都是些当地群众熟知的活动项目,其是在后期才逐渐融入祭海活动中的,但不同于其他的民俗活动,祭海民俗体育活动有着极好的锻炼价值,因此,其更需要在平时多加练习和巩固。在节后,政府应加以有效引导,群众应改变观念、自主参与。祭海民俗体育因节日而为民众所重视,具有节日中的娱乐功能,同时它也是民俗体育资源,具有民俗体育促进健康的功能。要全面正确地认识祭海民俗体育活动,让其在节后开展起来,使人们强身健体、娱乐身心。

(3) 祭海民俗体育的传承人断层

在现代活动方式的冲击下,祭海民俗体育在平时根本开展不起来。年轻人由于其现今的生活大环境及其自身生活、工作等方面的原因,对民俗体育认识不够,或是没有机会和时间系统地接触和学习民俗体育文化,导致传承人断层。祭海民俗体育在现代的传承途径有很多种,如民办官助、师传子承、媒体介入和学校教育等方式。传承人的培养也可以借助学校教育等模式多方面开展。

(4) 祭海民俗体育内容、形式过于单一,缺乏创新

从多年的祭海民俗体育活动情况来看,活动内容、形式都过于简单,且每年的内容变动不大,满足不了当今人们的文化需要。因此,祭海民俗体育在内容和形式上都需要改革,需要更充实、更丰富的民俗体育活动出现,需要精心甄选适合祭海节文化背景的祭海民俗体育项目,从而更好地丰富节日文化,也能更好地发展民俗体育。

(5) 祭海民俗体育传承的资金缺乏

祭海期间的资金主要用于购买贡品、鞭炮、服装道具及支付演出的奖励与补贴等等,且每年渔灯节的重头戏都是整个祭祀过程,因此祭祀过程所耗用的资金比例也是最高的,祭海鞭炮的购置占了绝大部分,这不仅造成了极大的资源浪费,也加重了大气污染,而给予参与祭海民俗体育表演的群众的奖励与补贴则呈现出一定程度的不足,导致人们参与祭海民俗体育表演的积极性不高。因此,后期资金的支出应该限制鞭炮购置部分,把节省的资金用到开展更多、更丰富的祭海民俗体育表演方面,可采用节约祭海资金与广泛吸收外来资金相结合的方式解决资金缺乏的问题。①

---

① 蔡玲玲. 烟台渔灯节祭海民俗体育文化的现代传承研究[D]. 济宁:曲阜师范大学,2014.

第三节　鲁中平原传统民俗体育

鲁中平原地区主要包括济南市（不包含平阴县、济阳县、商河县）、泰安市（不包含东平县）、淄博市、潍坊市（不包含安丘市、高密市、诸城市），另加济宁市曲阜市，临沂市平邑县、蒙阴县，德州市齐河县。素称"齐鲁之邦，礼仪之乡"。

鲁中平原以农耕文化为特色，散发着浓郁的乡土气息。济南是山东省省会城市，是国务院批复确定的环渤海地区南翼的中心城市，其历史悠久，是史前文化龙山文化的发祥地，被国务院列为国家历史文化名城。泰安是国家历史文化名城，5000年前产生了繁盛的大汶口文化。泰安因泰山而得名，境内的泰山是风景名胜区，具世界自然与文化双遗产景区，是国务院批复确定的中国著名风景旅游城市。[①] 淄博位于黄河三角洲高效生态经济区、山东半岛蓝色经济区两大国家战略经济区与山东省会城市群经济圈交汇处，是国家历史文化名城，历史悠久。淄博出现了后李文化、北辛文化、大汶口文化、龙山文化等新石器时代文化，为齐文化的发祥地、世界足球的起源地。潍坊位于山东半岛中部，是世界风筝都、中国优秀旅游城市，是国务院批复确定的山东省半岛城市群中心城市。曲阜古为鲁国国都、孔子故里，有世界儒学研究与交流中心孔子研究院，为首批国家历史文化名城，是第一批中国优秀旅游城市。蒙山绵延百余里，是山东省第二高山，云蒙峰海拔1000多米，已被列为国家级森林公园。

鲁中平原地区的泰安新泰市独杆跷、百兽图、逛荡灯，德州齐河县绣球灯舞，济南长清区手龙绣球灯，济南章丘市章丘芯子，淄博周村区周村芯子、临淄区阁子里芯子，潍坊寿光市月宫图、闹海，潍坊昌邑市小章竹马，潍坊青州市花毽等民俗体育项目的共同特点是都采用道具进行表演。因此，本节主要以道具表演型节目为主线，介绍鲁中平原地区的传统民俗体育项目。

一、泰安新泰市独杆跷、百兽图、逛荡灯

独杆跷、百兽图、逛荡灯都是泰安新泰市当地民间文艺活动"玩故事"（即社

---

① 刘子恺，刘剑伟，王昕.基于建筑形态的校园建筑概念设计研究：以山东农业大学北校区为例[J].美术教育研究，2020(14)：120-121.

火)队的组成部分。① 山东省新泰市地处鲁中腹地,位于泰安市东南部,北邻莱芜,东接沂源,南连平邑,西交宁阳。新泰市西北部有莲花山,西南部有法云山。在过去,道教盛行,庙观如林。

(一)独杆跷

独杆跷又叫独脚跷,是高跷艺术的一个分支,是一种山东省传统民间舞蹈。发源于1897年左右,由新泰市羊流镇大洼村王氏在双脚踩高跷的基础上独创的,已有近200年的历史。经典剧目为《刘海戏金蟾》,两人在普通的戏曲用锣和鼓的伴奏下,表演一系列高难度动作。独杆跷多在农历正月初十开始演出,正月二十左右收场,既可随"故事队"大场面演出,也可在小范围内打场表演。

独杆跷虽源于高跷但独具特色,其形象生动、造型奇特,充分展现了劳动人民极佳的创造力和丰富的想象力。独杆跷的表演动作活泼诙谐,花样繁多,引人入胜,具有鲜明的地方特色,从造型、道具、乐器到绝技表演都有一定的套路和模式,形成了完整的表演体系,是山东省最古老、最独特的民间艺术。其高难度的技巧和独特的造型,在山东民间舞蹈艺术中独树一帜。独杆跷完善和丰富了中国民间艺术史,成为山东乃至全国民间舞蹈中的独门绝技,丰富了山东省民间舞蹈艺术宝库,带动了山东民间艺术的繁荣与发展。② 活泼多样的表演动作和独特生动的艺术造型,不仅展现了生活在这片土地上的劳动人民的创造力,也昭示着人们对美好生活的向往。2008年,独杆跷入选第一批国家级非物质文化遗产(扩展项目)。

独杆跷第五代传承人王宗禄,作为大洼村民间"故事队"的艺术指导,精心研究、善于钻研,王宗禄的表演娴熟、技艺高超,先后被载入《齐鲁民间艺术通览》和《中国民族民间舞蹈集成》。① 他非常重视这门独门绝技的传承问题,经过几代人的努力创建和传承曾形成了一个非常完整的道白、道具绝技表演体系。他技艺高超,在丰富独杆跷高难度动作和优美观赏性上下了一番深功夫,像单腿跳跷这样已在第三代就失传的技艺,经过他的挖掘整合,又重现了光彩。几十年来,在他的悉心指导下,培养和造就了百余名独杆跷传人,使一个土生土长的民间舞蹈发展成著名的中华绝技。随着时代的变迁,独杆跷的生存条件日益

---

① 毛玉霞.民间舞蹈逛荡灯的地方性解读[D].沈阳:辽宁大学,2013.
② 朱英丽.传统民俗中的瑰丽奇葩:记新泰市非物质文化遗产独杆跷、百兽图和逛荡灯[J].山东档案,2015(2):39-41.

恶化，后继乏人，濒临失传，亟待抢救保护。

（二）百兽图

百兽图又叫百兽竹马，起源于1897年，是流传于山东省新泰市羊流镇大洼村的一种民间社火活动形式，属于传统民间舞蹈。百兽图是民间杂耍所独有的，表演的主题主要是驱赶瘟疫、降福求瑞，故事来源于民间传说，具有浓郁的神话传奇色彩。全场表现的是八仙骑兽过东海，给王母娘娘祝寿的故事，一般在春节至元宵节前演出。专家认为，一个节目同时表现八仙在其他民间舞蹈中是没有的，在山东独一无二，因其浓厚的欢庆色彩和避邪祈福等习俗因素，在当地具有广泛影响。2006年，百兽图入选山东省第一批省级非物质文化遗产。

百兽图是由民间信仰演变而成的一种村民自娱自乐的舞蹈形式。百兽图以八仙为蓝本，以八仙祝寿为表演内容，以表演者表演道具中形态各异的八兽道具为表现形式，向人们传达祛祟避邪、酬神避灾、祈求平安、向往美好生活的强烈愿望。在民间传说中，八仙是道教中相当重要的神仙代表，其中有将军、皇亲国戚、叫花子、道士等等，他们分别代表着男、女、老、少、富、贵、贫、贱，由于八仙均为凡人得道，个性与百姓较为接近，与一般神仙神圣庄严的形象截然不同，所以深受民众喜爱。因此，百兽图借助八仙来影射人间的平民百姓，不论男女老少、贫贱富贵，不论什么身份，都能够过着像八仙那样自由自在、无拘无束、衣食无忧的生活。通过把八仙的8件宝器当作竹马一样骑在身下，供自己支配、利用，以此来满足自己能呼风唤雨的设想。再者，故事情节为八仙祝寿，也是以此来表达对人们延年益寿、长命百岁的祝愿。

现如今，百兽图在大洼村已失去了往日的辉煌，会演、会唱的人已经不多，且都是七八十岁的老人，一些主要的表演动作和阵法已经失传，村里的年轻人想学习此项技艺的很少。特别是演员的唱词已经不全、唱的调子也不再规范，在道具的制作上也是后继无人，百兽图的唱腔、道具制作方法正面临着失传的境地。

针对百兽图的现状，新泰市提出了一个关于百兽图的保护计划。上级部门、本村、社会筹集了一些资金，专门用于扶持大洼村百兽图的艺术传承。现在专门请人重新扎了一套新的道具，这些道具的样子更加惟妙惟肖，八仙乘坐的每个坐骑的脖子上都装了弹簧，舞起来更加活灵活现。对所有百兽图的演员进行深层次的普查、记录、拍摄，并搜集相关资料。鼓励老艺人带传承人的做法，选择具有代表性的艺人作为保护对象,进一步普查民间百兽图的传承方式和各种民俗活动资料。工作人员抢救记录了一批百兽图在民间的表演动作和唱腔唱词,录制整理了民间艺人的演出过程,并保存了百兽图的演出道具及伴奏乐器。整理了百兽图道具的制作材料、造型纸稿、制作方法等各种工艺及特定历史时期百兽图的文物性资料。当前最重要的工作就是培养百兽图演出队的新生力量,使百兽图后继有人,形成百兽图人才资源库和演员梯队。

(三) 逛荡灯

逛荡灯是民间舞蹈中的一种祭祀类的傩舞,起源于隋唐时期,发源于新泰市谷里镇南谷里村,起始的具体年代已无从考证,是山东省唯一现存的傩舞艺术,是傩舞研究的素材。① 逛荡灯是当地"玩故事"(即社火)队的组成部分之一,与踩高跷、舞龙灯、扭秧歌、跑旱船、耍狮子等一起表演,现在一般在春节至正月十五之间表演,逛荡灯走在"玩故事"队的最前面,沿袭了以往领头开道的传统。② 逛荡灯于2006年入选山东省第一批省级非物质文化遗产。

泰安位于拥有五六千年历史的大汶口文化和龙山文化遗址处,悠久的历史孕育了特色鲜明的地方民俗文化及深厚的齐鲁文化。自古这里就有巫舞,后演化为丧葬仪式中的假面舞,即傩舞,具有娱神的重要作用。谷里镇的逛荡灯来源于民间的方相士,它沿袭了朝廷官员的形象,躬亲叩拜意为官拜民。随着时代的发展,逛荡灯已不再用于丧葬仪式,仅在春节后、元宵节前这段时间表演,用以表达民众祈福求安、官民同乐的美好愿望,又表现出官拜民的含义,从而发挥其娱人的作用。③

逛荡灯的具体表演形式分为准备、请灯、表演3个部分。先由"故事队"组织者和德高望重的老者在泰石猴前焚香烧纸,祈求平安,将点燃的高香插到逛荡灯的官帽里,点燃的蜡烛放在逛荡灯的头颅里,固定好,点燃鞭炮欢庆,再在泰石猴和开眼的逛荡灯面前三叩首行跪拜礼,请灯仪式结束。请灯仪式一般在年初二或者年初三请一次即可。请灯之后,逛荡灯会先在本村游街串巷表演,

---

① 朱英丽.传统民俗中的瑰丽奇葩:记新泰市非物质文化遗产独杆跷、百兽图和逛荡灯[J].山东档案,2015(2):39-41.
② 贾鹏.北方傩舞盼再兴,泰山脚下踏歌声:省级非遗泰安新泰逛荡灯的保护研究[J].中国民族博览,2017(9):63-65.
③ 贾鹏,卢乃鑫.瓦罐与南瓜的不同命运:泰安新泰逛荡灯发展路径探究[J].大舞台,2015(11):224-225.

之后去临近的村庄及各单位表演。表演时官大老爷必当走四平八稳的八字步，即官步。逛荡灯所拜之处，人们视为吉祥，必焚纸鸣炮表示感谢，意为天官赐福。现在逛荡灯表演所用的乐器主要为传统打击乐器——鼓、锣、镲等，节奏较为简单。

逛荡灯虽在"故事队"里进行表演，但并不全是为了娱乐。它的形象给人以敬畏感以及神灵的力量，体现出节日里官民同乐的亲切感，是正气凛然、高大威武的大人物形象，是一种严肃的"扮玩"活动。[①] 另外，宋代时新泰市的陶瓷业已非常发达。逛荡灯也映射出当地制陶业及制陶工艺的兴旺与发达，类似"文化搭台，经贸唱戏"，实现了文化与经济互惠共赢的双赢局面。[②] 受泰山文化的影响，远古社会对"神鬼之说"普遍信奉和崇拜。所以，逛荡灯的源起和习俗就是送殡的傩舞和方相氏（旧时汉族民间普遍信仰的神祇，相传是驱鬼逐疫之神）的完美结合。后来，方相士逐渐演化成了朝廷官员。因此，逛荡灯也反映了三重民俗文化心态[③]：祝亡灵安息、寿终正寝的民俗文化心态；驱鬼避邪、祈求全家平安的民俗文化心态；官民同乐、天人共生共存的民俗文化心态，寄托民众对美好生活的向往及对生活现状的满足。

随着我国殡葬制度的改革，逛荡灯曾一度被视作封建迷信遭到遗弃与打击，只因其仍作为祈福求瑞的活动，才逐渐演变为娱乐性民俗节目留存至今。近年来，经当地政府重新挖掘和开发后，其材料被载入《中国民族民间舞蹈集成》和《齐鲁民间艺术通览》中，并入选山东省省级非物质文化遗产。但实地调研发现，其制作和表演依然面临着后继乏人的尴尬局面。逛荡灯的传承已失去其最初对亡故之人的怀念、对生命的敬畏，以及对人的道德的教化功能。年轻传承人的缺失，传承人的力不从心，因非物质文化遗产保护工作而产生的束缚等都影响了它的传承与发展。

二、德州齐河县绣球灯舞

绣球灯舞是山东省的一种传统民间舞蹈。从古代的社火演变而来，是人们

---

① 毛玉霞.民间舞蹈逛荡灯的地方性解读[D].沈阳：辽宁大学，2013.
② 贾鹏，卢乃鑫.瓦罐与南瓜的不同命运：泰安新泰逛荡灯发展路径探究[J].大舞台，2015(11)：224-225.
③ 朱英丽.传统民俗中的瑰丽奇葩：记新泰市非物质文化遗产独杆跷、百兽图和逛荡灯[J].山东档案，2015(2)：39-41.

表达祈求风调雨顺、安居乐业愿望的,集武术、舞蹈为一体的自娱自乐的传统民俗活动。其发展于齐河县祝阿镇官庄村并流传至济南市长清、北园一带,已有300多年的悠久历史。2006年入选山东省第一批省级非物质文化遗产。绣球灯舞与民间艺术和乡土礼俗相辅相成,一般在每年正月十五及喜庆节日表演,也有在腊月农闲时节表演的。

德州齐河县绣球灯舞从古代的社火演变而来,在当地土地庙祈天祭祖祭祀活动之后表演展示。绣球灯舞民俗活动与音乐、舞蹈、武术等多种形式糅合,具有广泛的民间性与群众参与性。绣球灯舞集力与美于一体,艺术造型独具匠心,极具艺术魅力,具备健身性与娱乐性,堪称山东民俗表演的艺术典范。①

德州地处黄河下游冲积平原,黄河文化与农耕文化构成了德州特有的地域文化,也是德州民间艺术的主要表现形式和创作主题。绣球灯舞浑厚雄壮、铿锵有力的旋律及打击乐的伴奏方式,充分展现了齐河县人民与无情的黄河水生死相搏、不畏艰险的抗争精神。①绣球灯舞中包含着典型的齐鲁文化,为绣球灯舞的演出伴奏的,是具有山东特色的唢呐和锣鼓。再者,德州地处齐鲁与燕赵的交界处,紧邻河北沧州(擅长武术)和吴桥(杂技之乡),官庄村自古以来受燕赵文化的影响,有着崇尚武术的习俗,因此,许多武术动作和杂技表演也融入了绣球灯舞的表演中,使其蕴涵着浓重的侠义之气,增强了绣球灯舞的表现力,映射出燕赵文化慷慨激昂、好气任侠的人文气质。因此,绣球灯舞既保留了传统风格又具有了鲜明的武术特性,投射出齐鲁文化与燕赵文化的碰撞与融合。德州是运河沿线上的重要城镇之一,吸引着大批江浙、豫皖等地的富商来到德州,他们在德州从事商贸活动的同时,还把各自家乡的民间艺术带到德州这片土地上来,极大地丰富了德州的民间艺术种类和表演形式。而绣球灯舞在多种艺术文化交流中,兼容并蓄,博采众长。因此,绣球灯舞是一项集生产性、文娱性于一身,集美术、音乐、舞蹈、武术于一体的民间综合表演艺术,是民族文化遗产不可分割的组成部分,它是官庄村一项重要的民俗活动,和人们的日常生活紧密相关,具有重要的娱乐价值、全民健身价值及地域文化研究价值。①

然而,绣球灯舞的受众面太小,它的知名度也只限于德州市,知名度小,不利于扩大绣球灯舞的影响力及促进其有效传承;再者,绣球灯舞传承中存在"宗派亲族"的思想观念(一般只传给本村的男性),且多沿用口耳相传的教授方法,传承局促,裹足不进;绣球灯舞的武术特色浓厚,需要有一定的武术功底,因此,

---

① 张治国. 山东"绣球灯舞"的研究[D]. 济南:山东师范大学,2018.

原汁原味、动作精确的传承很难,如今很多复杂的绣球灯舞的套路已经失传了。因此,为了和时代接轨,打破传统的禁锢,简化仪式很有必要。

三、济南长清区手龙绣球灯

济南长清区手龙绣球灯又称手龙绣球舞,起源于山东省济南市长清区境内的赵营村,以手龙和绣球灯为道具,是武术和民艺相结合的一种舞蹈艺术形式。2006年入选山东省第一批省级非物质文化遗产。

手龙绣球灯由手龙和绣球灯两部分组成。手龙表演者(舞龙者)两手持两条"龙"舞动,龙腔内附喷吐烟雾的装置;绣球灯表演者(耍珠者)两手持两盏绣球灯表演,灯内的球有转动装置,内置灯光,传统灯多为蜡烛,现改为电灯泡。绣球灯队伍的指挥者和领导者称为头灯,全队要靠头灯的引导做出各种场景和动作的造型。表演时,"龙"与"珠"交相呼应。表演者手持手龙或绣球灯,在行进中用各种动作组成形式多样的套路和造型,使"龙"不停地在"珠"中穿梭。手龙绣球灯在表演过程中宛如一条游龙,活灵活现,其整个过程像是龙在空中腾云驾雾、群龙腾飞,充分表现了人们喜庆丰收和祈求平安的欢快心情。手龙绣球灯属于龙舞的一种,但它以绣球灯为龙身,这与其他龙舞不同,其内容与表演形式有着自己独特的艺术特色,在龙舞类中独树一帜,是山东省乃至全国龙舞类中别具特色的稀有舞蹈形式。它作为一种独特的文化形式,体现了我们国家龙的气魄、龙的神韵、龙的多变和矫健。手龙绣球灯是在龙文化的影响下产生与发展的,凝聚了强烈的民族精神和文化内涵,经过400多年的传承与发展,不仅带给我们一场视听盛宴,更传达了华夏儿女团结向上、勤劳朴实的精神风貌。手龙绣球灯以武术动作为主,结合民间的扮玩戏耍,表演时以对阵形式呈现、以舞蹈动作诠释,在其所有的阵形布置和动作步伐中都有其武术性的体现。[①] 从民俗性角度来说,手龙绣球灯涵盖了历史古往今来沿袭下来的民风民俗。手龙绣球灯虽然是一种民间舞蹈,但从内容、构图、布阵上与《周易》密切相关,它强调时间、地理优势,人与人之间的和谐,讲究变通。随着历史的变迁和人们观念的转变,手龙绣球灯的队形、动作、道具、服饰都渗透着当地的民俗文化,其舞蹈的民俗性,使得这一民间艺术有血有肉,充满着生机与活力。[①]

随着现代化进程的加快,大众信仰及民俗等文化的淡化,使手龙绣球灯近

---

① 李文娜.论长清"手龙绣球灯"的艺术特征与文化内涵[D].济南:山东师范大学,2013.

年来也面临着代际传承的挑战,在省级非物质文化遗产申请后,长清区委、区政府也制定了一些相应的保护政策和措施,如给予传承人资金扶持,筹集项目保护经费;组建非遗保护队伍;对手龙绣球灯进行培训指导,吸纳各科研机构建立手龙绣球灯保护研究基地;组建以武术学校、专业剧团为代表的演出队伍等,希望通过各方面的努力,使手龙绣球灯得到更好的传承,真正成为世界艺术之花中的一朵奇葩,成为名副其实的中华一绝!

四、济南章丘市章丘芯子,淄博周村区周村芯子、临淄区阁子里芯子

济南章丘市章丘芯子,淄博周村区周村芯子、临淄区阁子里芯子同是国家级非物质文化遗产。芯子有空中舞蹈、流动杂技的美誉,一台芯子不用道白,不用唱词,不用琴弦伴奏,就能把一出戏、一个神话浓缩为最简洁的符号,一看就明白。①

(一)济南章丘市章丘芯子

章丘芯子是一种集舞蹈之美感、秧歌之情韵、杂技之惊险于一体的民间艺术,起源于明朝,是受婚嫁时颠轿的启迪而来,有270多年的历史,主要在元宵节表演。2008年入选第二批国家级非物质文化遗产。

章丘历史悠久,名胜古迹众多,是一个历史承续久远、文化积淀厚重、自然景观优美的千年古县,是龙山文化的发祥地和著名女词人李清照的故乡。章丘芯子自产生以来,大概经历了3个阶段,即明清繁荣、清末衰弱、重新恢复。章丘芯子的两种独特的表演类型是转芯子和扛芯子,转芯子在章丘区文祖镇三德范村最有名,扛芯子是章丘区辛寨镇漯河崖村著名的表演类型。其中,转芯子是章丘芯子艺术发展的顶峰,因表演者要在芯子架上翻跟头,所以又叫跟头芯子,转芯子中最好看也最有难度的则是双杆芯子。② 扛芯子属于单芯子,是章丘东北部地区独有的一种杂技艺术形式,其起源与发展受到了清朝乾隆年间傀儡戏的启发,由1位成年演员肩扛1位小演员进行表演。③

章丘芯子作为一种杂技性的扮玩活动,它的产生、发展和传承反映了当地

---

① 张迪."周村芯子"在当代节日中的文化含义[J].民族艺林,2016(3):86-90.
② 张帅.山东济南章丘芯子的研究[D].聊城:聊城大学,2014.
③ 李璐.扛在肩上的信仰:山东省章丘市"芯子"仪式[J].艺术评鉴,2016(7):67-70.

劳动人民的生活和情感。它不仅丰富了我国杂技领域的诸多学科，而且也为杂技领域的发展提供了宝贵的信息。章丘芯子中体现着浓浓的乡土气息，其使用章丘扁鼓作为伴奏乐器，推动了民间音乐的发展。章丘芯子的发展与当地的民间祭祀有着密不可分的关系，章丘芯子之所以留传至今，其真正原因是它的形式及内容都深受劳动人民的喜爱，其表演的角色不仅限于古代戏本，如现代的《还珠格格》等也会吸纳，其表演有着极大的学习性和包容性。章丘芯子丰富了民众的文化生活，为民众提供了抒情达意的有效平台，更有力地促进了和谐社会的建设。章丘芯子多次参加全市及全省的文艺汇演并多次获奖，极大地提高了章丘的知名度，并对章丘的经济、文化发展有着积极而深远的影响。

章丘芯子是群众广泛参与的民间舞蹈种类，因此没有严格的师承关系，且没有明确的继承人。章丘芯子的表演者分为两类，均要求具有一定的艺术功底。一类是抬芯子的演员，为40岁左右的青壮年；另一类是芯子上的小演员，要求年龄在5~7岁之间，一般2~3年换1次。根据本地区的实际情况，为了更好地传承、不断提高表演者的艺术水平，每年在春节前对所有演员进行培训。章丘芯子既是人民群众的智慧结晶，也是一项人民群众共同进行的活动。从现有资料来看，现在章丘芯子的成年演员年龄偏大，由于时间、精力、金钱等种种问题，很多年轻人并不想学习章丘芯子。不仅如此，表演章丘芯子的小演员也越来越少，这样的话就导致章丘芯子的演员断层。以往章丘芯子的每次活动，大多是村民自己组织的，所需资金也是村民自己筹集的，并没有其他来源。资金的缺乏、活动时间和组织的不确定性，使章丘芯子很难继续向前发展并向外传播。近几年，章丘芯子参加了一些知名度较高的比赛，逐渐提高了其在全省及全国的知名度，促进其更好地发展与传承。

（二）淄博周村区周村芯子

周村芯子又称抬阁，是一种集戏曲、表演、杂技、舞蹈于一体的综合艺术。据《博山县志》记载，周村芯子发源于鲁中地区的淄博市周村区，后传至博山、淄川、张店和临淄等地，距今已有400余年的历史。明清时期周村老艺人受高跷和蜡烛灯台的启发而发明了周村芯子。周村芯子在原始芯子的表演形式的基础上，道具布料和服饰均采用周村当地的精美丝绸制作，以淄博市民间传说和戏剧故事为素材，以当地戏曲为伴奏，形成了独具地方特色的民间娱乐形式，是周村元宵佳节扮玩活动的最大看点。2008年周村芯子入选第二批国家级非物质文化遗产。[1]

周村是一座自古以来以工商业为主的历史悠久的城市,文化灿烂,是齐文化和聊斋文化的发祥地,自古素有"天下第一村"之称,既是鲁商发源地,也是一座历史悠久又充满活力的工商业城市。周村芯子的表现形式大致可以分为抬芯子、撅芯子、桌芯子、车芯子等几种类型。抬芯子是目前周村芯子表演中最为常见的表现形式,根据演员多少有单人芯子、双人芯子以及多人芯子等。每台周村芯子的表演队伍由4个部分组成,最前面的是锣鼓队,后面紧跟着标旗,随后是旋络,最后才是芯子。周村芯子凭借着当地有名的丝绸文化和商埠文化,以及独特的撅芯子和旋络开道的表演类型,形成了独具特色的艺术表演种类。在各村的芯子表演队伍前方,都有旗、络、伞、扇开道,其中络、伞、扇全部由丝绸编制而成,这也是周村芯子与其他地区民间芯子相比最独特的象征。[2]

周村芯子因其表演者精美的服饰、所承载的独特历史、扮玩的惊险而深受人们喜爱。周村芯子的传承与发展具有重要的学术研究价值、艺术价值及现实价值。周村芯子是齐文化、丝绸文化和商贸文化的综合产物,是具有独特地方特色的周村非物质文化遗产。它不仅反映了当地人民的生活和情感,深受当地人民的喜爱,具有"重工商之利"的现实主义特色,而且融合了流行于民间的艺术、服饰和传说,具有很高的历史、文化和科学研究价值。它在中国古代通俗艺术史上占有重要地位,具有重要的学术研究价值。它对研究明清戏曲、乐舞现象具有重要的作用和参考价值。此外,周村芯子独特的芯子设置,可以丰富民间杂技艺术领域的主要内容,为杂技艺术领域的研发提供有价值的信息。[1]

周村芯子没有严格的家谱传承,也没有规定家族代代相传。老一辈艺术家之所以参加,只是因为他们对芯子的热爱。目前周村芯子的传承人老龄化和断层严重。在城镇化、现代文化的冲击下,现在本应继承芯子表演的年轻人的生活方式和观念发生了很大的转变(如外出打工,追求时尚的娱乐方式,出国过节,不再认同芯子表演的原始信仰),这些都是导致芯子表演出现传承人断层及老龄化严重的重要原因。会扎芯子的人都在60岁以上,学扎芯子的人也越来越少,难逃其濒临消失、日渐衰败的境地。[2]像多人芯子、撅芯子等一些对技艺要求较高、难度较大、有特色的项目,其安全性和审美性都较高,导致其传承艰难。再者,芯子的灵活性较差、维护费用较高等,也致使芯子的规模日渐萎缩。

---

[1] 曲乐祯. 周村芯子的民俗志研究[D]. 北京:中央民族大学,2018.
[2] 张迪."周村芯子"在当代节日中的文化含义[J]. 民族艺林,2016(3):86-90.

现今,周村区区委、区政府对芯子表演节目实行奖励补贴政策,开展周村芯子有关资料的征集工作,建立周村芯子传习所,以师承的形式选择、培养新的传承人,组织开展周村芯子的相关培训和授徒传艺工作,在全区各中小学广泛开展"非遗进课堂"的活动,邀请周村各个社区的芯子扮玩团队进课堂等。同时,在政策上促进周村芯子的保护与传承,这是民间文化醒悟的自觉。①

(三)淄博临淄区阁子里芯子

阁子里芯子是流行于淄博市临淄区南仇东村一带的传统祭祀性舞蹈,起源于明代正德年间,最初由抬阁和扛阁发展而来,距今已有500多年的历史。①它集民间音乐、民间舞蹈、民间传说、民间文学、民间美术、民间服饰等为一体,深受当地人民欢迎,具有极高的科学、文化、历史等研究价值。2008年,阁子里芯子入选第二批国家级非物质文化遗产。

临淄是东夷文化和齐文化的主要发祥地,是三代齐国的故都,拥有长达800余年的历史,既是两汉齐国的王城,也是国家历史文化名城。明朝时期,南仇东村的乡民们在本村建了两层城楼的关帝阁来供奉关帝。归乡艺人王从让结合"奉阁"祭祀活动中的"献牲"仪式,把男童、女童固定在高竿上,并做出双手托盘的动作把供品献给关帝。这就是最初阁子里芯子产生的雏形。②

阁子里芯子的表演队伍一般先由"火流星"开路,随后是锣鼓队,然后是旱船、秧歌、高跷、耍扇、蝴蝶舞等队伍,最后压轴出场的是芯子。芯子的队伍由3个部分组成:最前面的是招子(名旗),中间的是旋络(花幡),最后才是芯子。阁子里芯子按照表演的内容、人物,可以分为单人芯子、双人芯子、三人芯子、多人芯子等;按照表演方式可以分为扛芯子、车芯子等。阁子里芯子的锣鼓队,所用的鼓乐曲牌是淄博当地所独有的。阁子里芯子是一种综合性的民间演出活动,它将秧歌、舞蹈、体育、音乐、美术、舞台剧等表演形式有机地融合在一起。阁子里芯子的制作特点是构思奇妙、装饰华美、设景布局惟妙惟肖;其最大的看点是其造型精美奇特、险中带趣。阁子里芯子具有科学的设计和安装,制作中充分突出了惊、险、奇的特点。结合各部位科学精巧的设计,充分利用了力学原理,支架坚固,不摇不晃,平稳自然;高空支架的连接点巧妙地被掩盖,毫无痕迹;所用道具真假结合、以假乱真。

阁子里芯子的产生与发展与本地关帝阁的祭祀活动有关。每年都要举行

---

① 曲乐祯. 周村芯子的民俗志研究[D]. 北京:中央民族大学,2018.
② 王福银. 阁子里芯子的文化传承与艺术特色[J]. 民族艺术,2013(6):151-153.

规模盛大的关帝庙祭祀活动,其中各种民间扮玩纷纷出动,秧歌、舞龙、舞狮、抬阁等竞相展演,或求关帝保佑五谷丰登、人畜平安,或祈福、求雨,或消灾、避邪,同时,阁子里芯子也是表征东夷族崇拜英雄、歌颂帝王文化的典型民间舞蹈。

近年来,通过挖掘整理阁子里芯子的历史渊源,搜集保护相关文物资料,以加深人们对阁子里芯子的了解。同时成立了研究协会,培养研究、制作芯子的专门人员。

五、潍坊寿光市月宫图和闹海、昌邑市小章竹马

潍坊寿光市月宫图和闹海、昌邑市小章竹马都属于山东省省级非物质文化遗产。

(一)潍坊寿光市月宫图

月宫图在寿光俗称跑灯,是流传于山东省寿光市境内圣城街道南关村及周围几个村庄的一种较为古老的传统舞蹈,起源于明代,已有500多年的历史,月宫图是寿光四大民间舞蹈之一。月宫图以变幻多端的艺术表演手法,表现出国泰民安、福寿康宁、五谷丰登、天上人间共庆丰年的美好情景,以歌伴舞、布局合理、艺中有技、技在艺中。2009年入选山东省第二批省级非物质文化遗产。

月宫图的表演,主要有4名女子作为领舞,16名"仙女"每人手提4只小灯笼进行表演,以小灯笼为主要的表演道具,采用上下、大小、前后、里外、单双、重叠、点线、纵横等变换的形式,演出部分删繁就简。在朦胧的月色灯光下,组成了大、小、单、双、里、外月亮,组成人们向往的天下太平的图样,向人们展示出风采各异的红火场面。月宫图的唱词主要描写了天宫仙女们向往人间生活,庆贺人间丰收,祝福人间太平乐,结构分明、紧凑。全舞分为6个层次,每个层次的唱词不同。原来的唱词以民间传说为主,后来经过修改,与当今时代和社会生活联系起来,更加地贴近生活、贴近群众。

与其他民间舞蹈不同,月宫图的所有队形图案均无直角和钝角,全部由弧线组成,要求演员在跑碎步时,要始终保持前脚掌着地、上身前倾。据老艺人讲,月宫图舞蹈共有72种变化,一变一个圆,每场都要将72种变化完成后才能结束。月宫图的音乐中有民乐、打击乐、女生伴唱等,舞中有声,声中伴舞,载歌载舞,声情并茂,更增添了月宫图的艺术效果。与其他地区的灯舞相比较,月宫图的最大特色在于道具的使用:每人手持2个灯架,挂4盏灯笼,加上绚丽多

姿、丰富多彩的队形变化，构成一幅幅灯的图案。月宫图是一幅充满着浪漫主义色彩的绝妙画卷，既有江南水乡的婀娜曼妙、柔美多姿，又有齐鲁大地的朴实秀丽、端庄沉稳，汲取南北方特色于一身，是南方花灯在齐鲁大地上传承发展的珍贵产物，具有南北两地域的民族文化特征。再者，寿光市被誉为蔬菜之乡，因此月宫图的舞蹈动作名称也多来源于当地常用的劳动语言，如挂帘子、黄龙摆尾等，体现了浓郁的农耕文化特色。

在月宫图南关村传承人张明经（寿光市跑灯的最后一位传人，已逝世）老艺人的指导下，由杨万华（为山东省级传承人）、李树高、黄冠群（为潍坊市级传承人）等多位老师的整理、重排下，再次重现了濒临失传的月宫图当年的辉煌时刻，并多次参加各种文艺演出及舞蹈比赛。目前，寿光市京剧团和潍坊科技学院月宫图舞蹈队录制了两版月宫图的视频并进行保存，保存单位为寿光市文化馆，而不是其 500 年来的流传地点南关村。发展到今天，月宫图已经有了相对稳定的传承单位，传承人为月宫图的传承和发展作出了极大的贡献。一项民俗文化的生存与发展与其存在的地域环境息息相关，像月宫图这种传承情况，脱离生存环境的传承能走多远？如何做到月宫图原汁原味的文化内涵的传承？潍坊科技学院学生传承人的传承效果如何？这些都是我们要急于解决的问题。

（二）潍坊寿光市闹海

闹海属于群舞、广场舞、街舞，具有浓郁的沿海风情，自唐代起就流传于寿光境内。是人们为了祈求出海人平安、顺利、丰收而创作出来的艺术形式。演出时间大多在每年正月十六渔民出海时，表达人们对各路海仙、海神的敬仰和尊崇，期盼家人出海一帆风顺，满载而归。闹海表演人数不等，少则几十人，多则百余人，其中以圣城街道南胡村的表演最为出色。2009 年，闹海入选山东省第二批省级非物质文化遗产。

非遗舞蹈闹海是一种大型的广场民间艺术，演员阵形庞大，需上百名演员进行表演。大致分为 8 种不同的形象：龟（主角，掌领全局，由青年男子扮演，双腿迈大八字步半蹲行走）、蚌（最重要的角色，由年轻女子扮演，半脚掌碎步或踏步半蹲，协调蚌开合）、鱼（成双，低头俯身，碎步小跑，左右拧）、虾（跳跃式表演，演员要有扎实的武术功底）、蟹（横移）、螺（旋转）、蛙（蛙蹦步）、行云者（持云牌走圆场或横移）。表演队形有狮子花、里梅花、梅花斗、正反推磨、四门八斗、四门斗、里八卦斗、鳗鱼盘座、双龙摆尾、八卦斗、卷心菜等。表演时，以打击乐和吹奏乐为主，乐曲以秧歌曲调为主。闹海形式完整，组织严密，技术性较强，演员需求庞大,整齐划一与杂乱无章并存,加上其独特的道具服饰和动作特质,既接地气又不失高雅的气质,深入人心。闹海作为一种古老的文化艺术,是珍贵的历史文化遗产,对于研究沿海民俗文化具有重要的史料价值,该舞大多在正月十六渔民出海前进行表演,是人们祈盼、祝愿等美好心理的一种体现,从而鼓舞和启发人们去敬业、去发展。其主题健康,鲜明生动,积极向上,震撼力大,影响面宽,生命力强,富有节会文化价值。由最初的祭祀信奉,慢慢地推上了舞台,成为一种平日里喜闻乐见的表演形式,完成了海洋文化娱神向娱人的精神转变。祭海民俗是生活在海域地带的人们的一种民俗,同样祭海民俗也体现并传承在闹海这项民俗舞蹈活动中,具有重要的祭海民俗文化研究价值。闹海舞蹈表演中表演者具有不同的动物形象,并根据所模仿动物的真实行动情况模仿其动作进行表演,如龟(双腿迈大八字步半蹲行走)、蚌(半脚掌碎步或踏步半蹲)、鱼(低头俯身,碎步小跑,左右拧)、虾(跳跃式表演)、蟹(横移)、螺(旋转)、蛙(蛙蹦步)、行云者(持云牌走圆场或横移)等。尤其是"虾"要求演员有扎实的武术功底,才能更好地表演出来。经常进行这种广场舞表演,对身体有很好的锻炼价值,同时广场舞亦能娱乐心情。

伴随着国家对文化遗产的重视,闹海被越来越多的人知晓,闹海的表现形式也更加多样,但对南胡人而言,闹海却成了他们的遗憾:由于电影、电视、网络等媒介的出现及外来文化的冲击加之老艺人大多已逝世,南胡村现已无人能再完整地编排此舞,无法进一步挖掘其艺术表演形式。闹海的传承人从第五代开始已不再是圣城街道南胡村人,而是由寿光市文化馆的人来传承,从 1986 年开始南胡村不再编排闹海舞蹈,而是由文化馆帮助其重新编排,南胡村不再是闹海项目负责传承的基地,当地传承人断代。

(三)潍坊昌邑市小章竹马

小章竹马是流传于昌邑县宋庄乡西小章村的家族仪式性表演活动,于每年正月初八表演。小章竹马是集出征列阵、戏剧表演、民间舞蹈和武术于一体的表演形式,距今已有 600 多年的历史。小章竹马曾多次应邀出席潍坊国际风筝会开幕式,受到广大观众、众多专家及国际友人的赞誉。[①] 据了解,小章竹马于 2006 年入选潍坊市非物质文化遗产,2009 年入选山东省第二批省级非物质文化遗产。目前,小章竹马将申报国家级非物质文化遗产。

---

① 张士闪. 乡土社会与乡民的艺术表演:以山东昌邑地区小章竹马为核心个案[D]. 北京:北京师范大学,2005.

整个小章竹马表演班子最少时有60多人,多时达100多人,演员们步伐整齐,彩旗飘扬,十分壮观。小章竹马表演是从元朝行军作战的四门阵、五花阵、双钩连环阵、二龙戏珠阵、八卦连环阵、十门变化阵和马氏家传武术中演化而来。[①] 小章竹马的竹马是用竹片和藤条扎成的,架子上用纸黏糊,涂上红、黄、黑等颜色。马身分为两部分,前半身连着马头,后半身连着马尾。表演时,演员穿上道具,各自手持马鞭,分别把马的前半身和后半身绑在自己的前身和后身,按照演练的步法,做出各种动作。念、唱、跑马、武术表演交替进行。一套小章竹马的完整演出,集小戏、舞蹈、武术、杂耍于一体,并且由一个中心事件贯穿整场演出。其表演有一套固定不变的程式,但在具体的表演场合中可以有所删节。

作为儿童游戏,竹马已经受到各地人民的喜爱,并在各地广泛流传。它处于一种自在自为的状态,没有固定的表演形式。然而,正是因为这种儿童游戏在许多地区蓬勃发展,使竹马成为一种最常见的情感表现方式。[②] "郎骑竹马来,绕床弄青梅",这个古老的儿童游戏,演化为一种乡间社戏之后,竹马便一直被西小章村马氏宗族奉为传世珍宝,[①] 它既是马氏家族的祭祖祈福仪式之一,又是家族年节生活的重要部分。小章竹马作为一项村民自发的乡土仪式表演活动,具有多样的文化资源及深厚的传统文化底蕴,如真刀实枪的武术表演、马氏族谱、马家祠堂、新老墓田、祖碑、新修龙王庙等,均具有深厚的传统文化及中国武术文化底蕴,是一种集出征列阵、戏剧表演、民间舞蹈和武术打斗于一体的特殊民间歌舞形式。整个小章竹马表演程式复杂,竹马众多,队伍庞大,演技精湛,打斗念唱,花样繁多,是现今少有的一种竹马表现形式,对于竹马文化的研究有重要意义。小章竹马神圣的仪式感与民众娱乐并存,具有深厚的传统文化及武术文化底蕴,体现了武术文化的传承价值。

随着时代的不断发展,与众多陷入困境的民间艺术一样,小章竹马也从曾经的极度繁荣,慢慢地衰落,甚至一度濒临失传。现在整个西小章村,会跑竹马的也就二三十人,且多为女性。能练上一套马家拳法的不足10人。面对如今的传承困境,小章竹马的传承者们虽然很无奈,但却没有放弃。西小章村及昌邑市政府每年都会用一部分资金支持小章竹马道具的购置、维护和演出等。昌邑市也建起了昌邑民间艺术中心,成立了民间艺术家协会,定期组织小章竹马演员切磋表演技巧。同时,在多所中小学中设置了模仿演出活动课程,让中小

---

① 伟芳.昌邑的"小章竹马"[J].走向世界,2018(14):78-81.
② 李巍.移民社会的文化记忆:辽宁民间社火研究[D].北京:中央民族大学,2010.

学生了解小章竹马,使小章竹马得到有效的保护和传承。小章竹马的传承人马镇华也开始将表演内容、步法、技巧和马氏拳法等用文字记录下来,并打破"小章武术不外传"的传统,打算将其教授给有意愿学习小章竹马表演的非马姓家族人,让小章竹马走出西小章村,并永远地传承下去,流传于人间。

第四节　鲁北、鲁西北黄河文化民俗体育

鲁北、鲁西北地区主要包括德州市(不含齐河县)、滨州市、东营市,另加济南市的济阳县、商河县。鲁北地区西侧及北侧与河北省接壤,东临渤海。德州市为黄河冲积平原,历史上境内曾有两次黄河大迁徙,上千次决口,造就了如今西南高、东北低的地形。德州市处于环渤海经济圈、京津冀经济圈、山东半岛蓝色经济区以及黄河三角洲高效生态经济区交汇区域。滨州市位于山东省北部、华北平原东部、黄河三角洲腹地,地处黄河三角洲高效生态经济区、山东半岛蓝色经济区和环渤海经济圈、济南省会城市群经济圈"两区两圈"叠加地带,是山东省的北大门,其地势南高北低,大致由西南向东北倾斜,是齐文化和黄河文化的发祥地之一。东营市位于山东省北部黄河三角洲地区,黄河在东营市境内流入渤海。其东临渤海,南连山东半岛蓝色经济区,北靠京津唐经济区,向西辐射广大内陆地区,是环渤海经济圈的重要节点。鲁北、鲁西北地区有济南市济阳县的济阳鼓子秧歌、上杠高跷,德州市临邑县的德平大秧歌,济南市商河县的商河鼓子秧歌,滨州市惠民县的胡集书会,滨州市阳信县的阳信鼓子秧歌,东营市广饶县的陈官短穗花鼓、孙斗跑驴等民俗体育项目,本节主要是以秧歌为主线。

一、济南市济阳县济阳鼓子秧歌

济阳历史悠久,文化灿烂,民间艺术底蕴丰厚。鼓子秧歌发源于此,距今已有 2000 多年的历史,是山东鼓子秧歌的重要分支之一,是民间为庆丰收而载歌载舞的一种艺术形式。其粗犷豪放,舞技健美,场面气势恢宏,蕴藏着深厚的历史文化,渗透着济阳地域的民俗特色。2006 年,济阳鼓子秧歌入选山东省第一批省级非物质文化遗产。

山东鼓子秧歌的表演风格大致可以在商河县和惠民县之间划出一条南北

线:西部的商河县秧歌节奏快、速度快、线条粗糙、棱角分明,风格刚硬。东部以惠民县为代表的秧歌,节奏缓慢、速度较慢,动作流畅,气势浑厚,风格柔软。济阳东北临惠民县,北临商河县,因此济阳鼓子秧歌具有山东鼓子秧歌的共同特点:伞、鼓、棒、花人物齐全,道具多样,伞的舞动方式相同。同时,它还具有济阳县独特的舞蹈风格:与商河县和惠民县的风格不同,济阳县的鼓子秧歌刚柔并济。济阳鼓子秧歌主要有3个流派[①]:仁风镇流河村的"老慢板"、仁风镇司家坊村的"快板"、曲堤镇金李村的"小伞"。流行于流河村的慢板鼓子秧歌节奏极慢、动作独特,既是济阳鼓子秧歌独特的类型,也是山东地区少有的风格特异的鼓子秧歌。虽然没有确切的史料证明济阳鼓子秧歌起源于祭祀活动,但其仍保留着传统的祭祀仪式。

经受黄河传统文化的浸润和鲁北自然环境的陶冶形成了济阳鼓子秧歌特有的艺术风格和自身的艺术价值,其在舞蹈、音乐、道具运用及表演等方面,都体现了汉族民间舞蹈艺术的主要特点,愉悦着人们的心灵。鼓子秧歌粗犷的风格特征结合细腻的动作,全面提升了人们的审美意识,呈现给人们一场视觉和听觉完美结合的舞蹈文化盛宴。[②,③]鼓子秧歌不仅仅是一项供人娱乐的艺术,还具有重要的文化价值。济阳位于山东北部的黄河岸边,是一个典型的农业生产区。济阳鼓子秧歌的击鼓、模拟农耕的一些动作、祈福庆祝丰收的道具,均体现了鲁北地区的农业信仰。济阳鼓子秧歌包含3个不同年龄段的男性角色:老年人、中年人和年轻人。这种排序反映了儒家文化传统的老幼有序思想。济阳鼓子秧歌的伞、鼓、棒、花4个角色以男性为主,女性为辅,这也是中国传统的伦理本位思想的体现。济阳鼓子秧歌是一项集体活动,人们在表演鼓子秧歌的过程中产生了文化认同感,增强了群体凝聚力,是儒家和谐思想的体现。

二、济南市济阳县上杠高跷

高跷在汉代叫长跷伎,宋代叫踏跷。曲堤镇乔家村的上杠高跷距今已有近400年的历史,是山东省第三批省级非物质文化遗产。

上杠高跷表演者脚踩高跷,踏锣鼓而舞,和鼓乐而动,是集舞蹈、杂技、小戏于一体的独特的民间艺术表演形式,是济阳民间艺术的一颗璀璨明珠。其套路

[①] 任静.探究济阳县鼓子秧歌风格特征[D].济南:山东艺术学院,2017.
[②] 石晓蕾.济阳县鼓子秧歌的考察与研究[D].北京:中国艺术研究院,2013.
[③] 王珍.武秧歌:山东阳信鼓子秧歌之探究[D].西安:陕西师范大学,2013.

丰富多彩、动作灵活多变且惊险,难度系数高。曲堤镇乔家村上杠高跷队玩的既是一种高超的民间技艺,又是一种潇洒的生活态度。济阳上杠高跷表演体现了力与美的完美结合,把惊险与柔美相融合,展现出一种独特的美学价值。乔家村上杠高跷已经成为济阳的一张名片,并将不断地为济阳争光,不断地丰富当地人民群众的文化生活。

乔家村上杠高跷技艺的发展是一个自然传承的过程,每年一进入腊月,外地务工的村民返乡后,村民们便自发组织上杠高跷表演活动,在每年的演出中进行传承。

三、德州市临邑县德平大秧歌

德平大秧歌是德平镇具有代表性的民俗活动,它风格独特,是地方文化的代表。它来源于群众,发展于群众,是一种接地气、很有群众气息的独特艺术形式。2009年,德平大秧歌入选山东省第二批省级非物质文化遗产。

德平大秧歌通常以村为单位组织活动。根据参演的人数,秧歌队可大可小,少则几十人,多则上百人。现在的德平大秧歌队一般由以下几个部分组成:打伞的、蹦鼓子的、扭秧歌的、唱秧歌调的、后台伴奏的。德平大秧歌在很多方面都有着自身的特点,如大秧歌的场式、打伞和打鼓的动作、秧歌调、扭秧歌的演员手里拿着漂亮且唯一的莲花灯(现在通常用舞蹈扇和绸带来代替)等,都非常有特色。德平大秧歌不像有的艺术表演形式那么规范、程式、统一,它没有严格统一的标准,只要总的方向、形式不改变就可以。因此,德平大秧歌中各种动作的名称、表演的场式、动作的花样等,在各村都不太统一。

德平大秧歌是长期耳濡目染、口传心授而代代相传的。德平镇党委政府重视历史文化的挖掘,成立了历史文化工作办公室,用于挖掘和抢救德平大秧歌。建立了8个德平大秧歌发展基地,作为大秧歌文化的生态保护村,现在德平镇的各村大多在跳大秧歌,开展得比较好的村有闫家、大鲍家、曹塚、碱李、南关、大单、郭平阳、毕家、北关、陈家寨等,各村自行组织秧歌演出。在德平镇每天晚上都可以看见老百姓自娱自乐的秧歌表演。老百姓喜欢德平大秧歌,把其作为健身娱乐的首选方式。这种茶余饭后的日常活动,于无形中影响了下一辈,这也是德平大秧歌能够代代相传的重要原因。

四、济南市商河县商河鼓子秧歌

鼓子秧歌俗称跑十五、跑秧歌、打鼓子等,主要流传在鲁北地域的商河县、惠民县、济阳县等一带。因在商河县流传最为广泛,且商河县当地的鼓子秧歌的流派派别、阵容种类、动作样式等最为全面,因此鼓子秧歌又称商河鼓子秧歌,即发源于此。商河鼓子秧歌为山东三大秧歌(即商河鼓子秧歌、胶州秧歌和海阳大秧歌)之一。根据史料记载,商河鼓子秧歌孕育于春秋战国时期的齐鲁文化,始于秦汉,成于唐宋,兴于明清,有着 2000 多年的发展史。最初,商河鼓子秧歌的流传源于当地的祭祀活动,后被当地百姓作为自娱自乐、宣泄放松的生活方式传延下去。[①] 2006 年,商河鼓子秧歌入选第一批国家级非物质文化遗产。

商河县位于山东省西北部,处于黄河下游,鲁北平原腹地,隶属济南,地处济南市北郊,在济南市、德州市、滨州市交界处。商河鼓子秧歌有伞、鼓、棒、花、丑等角色,其中伞、鼓、棒这 3 种角色均由男性扮演,花是女性形象。乐队包括大鼓、钹、镲、锣。整个秧歌演出活动包括进场、辟场、按场、跑场、煞场、出场 6 个部分。商河鼓子秧歌的场图变化莫测、丰富多彩,分文场、武场、文武场 3 种。文场看"跑"(队形变化),静中有动;武场看"打"(动作表演),激越热烈。文武结合,此起彼伏,快慢相宜,张弛相兼,令人眼花缭乱。串村是商河鼓子秧歌的特色。至今,在当地依然存在商河鼓子秧歌的串村表演。[①]

商河鼓子秧歌队形简单、整齐,鼓点紧凑、节奏快,经后期包装后更适合商业化演出,很多原始的东西被逐渐简化了。商河鼓子秧歌表现形式的独特之处在于它是以男性为主表演舞蹈,气势磅礴,充满阳刚之气,塑造了一种顶天立地的男子汉形象,将山东男性的潇洒豪放、阳刚挺拔淋漓尽致地表现出来,更体现了中华民族自强不息、刚毅顽强的精神气概,这也是其他汉族民间歌舞无法超越与替代的。商河鼓子秧歌表演的显著特点是"跑"而不是"扭",其舞蹈动作具有稳、沉、韧的特点,武舞成型,对身体的肌肉能力和协调控制能力有着较高的要求,体现了乡间的礼俗观念,重礼轻利,仪式感较强。商河鼓子秧歌是唯一保留下来通过秧歌进行祭祖敬神活动的秧歌,因此其表演带有浓郁的祭祀色彩。商河鼓子秧歌产自齐鲁大地,深受齐鲁文化的影响,尤其是受儒学文化的影响

---

① 杜惠. 商河鼓子秧歌的历史发展研究[D]. 日照:山东体育学院,2015.

较大；商河鼓子秧歌中的商羊腿转伞是道教文化的具体体现，侧重凸显了"鼓"文化。

商河鼓子秧歌作为民间不可多得的艺术瑰宝，以其浓厚的民俗韵味和独特的艺术魅力深受人们喜爱，被誉为"绽放在鲁北大地的艺术奇葩"。当今，商河鼓子秧歌的存在与发展呈现出冷热并存的状态，其传承也存在一定的问题：商河鼓子秧歌的过度市场化致使其原生态发展不足；其表演性定位埋没了其健身价值，没有深入挖掘其在当地百姓的健身广场舞或健身秧歌中存在的价值；20～40岁之间的鼓子秧歌的传承习练者太少，当商河县需派出参加大型比赛或演出活动的队伍时，有的乡镇就派不出队伍来。商河鼓子秧歌在百姓生活中的盛况不再，错失了良好的群众基础。针对商河鼓子秧歌在传承上出现的问题，商河县政府也制定了一系列的鼓励政策，村与村之间的文化交流活动日益增多，各乡镇秧歌队也集合至县城办起了鼓子秧歌大联欢活动。

五、滨州市惠民县胡集书会

胡集书会是在山东省惠民县胡集镇兴起并盛行的传统曲艺集市盛会。[①]胡集镇历史上商业发达，是周围最大的集镇。正月十二会有春节后的第一个大集，附近的人们都会去胡集集市置办元宵节用品，因此全国各地的说书人都从四面八方奔向胡集，展示他们的才能，这种场景一年又一年地扩大，逐渐形成了一个大型的胡集书会。从元代兴起到清朝鼎盛，胡集书会一直延续至今，已有700多年的历史。它最早源于曲艺艺人的同台竞技，后逐渐演变为以联谊为主并具有当地习俗特征的自发的传统民间曲艺交流活动。[②] 它和灯会都已经成为元旦的固定项目。从正月十二一直到正月十六，是胡集书会的"正节"，也是书会的高峰期。"正节"期间有正月十五元宵节，当地民间还有跑龙灯、扭秧歌、踩高跷、抬芯子、杂耍、武术等中国传统艺术表演，使书会达到高潮。2006年，胡集书会入选第一批国家级非物质文化遗产。

六、滨州市阳信县阳信鼓子秧歌

阳信鼓子秧歌属于汉族民间的舞蹈形式，产生于前唐时期，是山东鼓子秧

---

① 代福梅. 如何进一步开发惠民县胡集灯节书会[J]. 全国商情(经济理论研究)，2008(7)：114-115.
② 青年河. 胡集书会[N]. 中国文化报，2006-09-28(008).

歌的一个分支,在阳信县历史久远,主要分布在阳信县西部的洋湖乡、温店乡以及附近周边县的邻村。2011年,阳信鼓子秧歌入选第三批国家级非物质文化遗产(扩展项目)。

阳信鼓子秧歌是群众性、集体性的表演,其结构严密、形式完整,场面恢宏、舞姿豪放,是极具地域特色的齐鲁乐舞文化的代表。[①] 组成舞蹈的主要角色是伞、鼓、花、棒。就其主要角色来说,不少于32人才能组成一支秧歌队,多则上百人到几百人。伞是由古代帝王贵族出巡时用的"华盖"演变而来的;鼓是由盾牌演变而来的,鼓槌是由短刀或矛演变而来的;棒是由鞭演变而来的。伴奏乐器由打击乐器组成,秧歌队的核心乐器是大鼓。大鼓直径为1米,摆放在演出场地非南即北的位置,声如雷动,气势澎湃,震撼人心。秧歌队面向大鼓表演,与鼓互动,鼓点节奏操控着整个秧歌队的阵法和步法。

秧歌动作中的敲、击、跳、跃显现了军事的战斗性,舞蹈的全过程基本上也是典型化了的古代军事演练过程,即阅兵、点将、布阵、开打、收兵,因此又称为武秧歌。阳信鼓子秧歌的阵法多、力度强、步法繁琐,保留了原始的动作特征和阵法队形,按照最初的队形来表演,动作复杂且有难度,力度劲道的要求更强,原生态气息较浓厚。[①] 阳信县地处山东半岛和京津经济地区的连接处,隶属于齐地,受齐文化的影响(东夷文化是齐文化的代表文化),在当地形成了善舞重军的传统。因此,阳信鼓子秧歌体现了东夷文化的兵学思想。

阳信鼓子秧歌的传承方式有世代家传、师徒传承和互相学习。虽然各村都有秧歌队,人人都爱秧歌,但全盘都会的人很少,大部分人只会简单的队形和动作,高难度的动作并没有完全传承下来,导致表演时呈现不出鼓子秧歌应有的精、气、神,不能很好地呈现原汁原味的鼓子秧歌,使得鼓子秧歌不能进行原生态的传承。现今,阳信鼓子秧歌的发展与传承得到了政府部门的支持,鼓子秧歌也走进了校园,加强学校传承。由当地秧歌艺人向中小学生授课,在学校内设置秧歌大课间。阳信职业中专舞动助力非遗传承,阳信县与山东省艺术学院舞蹈学院建立了长期合作关系。[①]

七、东营市广饶县陈官短穗花鼓

短穗花鼓又名打花鼓、打鼓舞、秧歌舞,是流传于东营市广饶县和济南市商

---

① 王珍.阳信鼓子秧歌发展现状之探析[J].北方音乐,2019,39(21):30-31.

河县一带的民间舞蹈。① 2008年,陈官短穗花鼓入选第二批国家级非物质文化遗产,2019年11月,《国家级非物质文化遗产代表性项目保护单位名单》公布,广饶县文化馆获得陈官短穗花鼓项目保护单位资格。

与传统的花鼓相比,短穗花鼓有三大特别之处:一是花鼓鼓穗是短鼓穗。二是击鼓用鼓槌和短鼓穗(这种击鼓方式在全国少见)。三是斜背的花鼓不固定,使表演者的表演难度增大。正是短穗花鼓具有高难度的表演动作和独特的艺术魅力才使其薪火相传、经久不息。

短穗花鼓经燕赵文化、中原文化的滋养,齐鲁文化的渗透及黄河文化的孕育,最终形成了自己的艺术风格,展现出独特的文化魅力。鼓文化是黄河流域独特的民族文化之一,始终贯穿于整个沿黄区域,且具有明显的地域特色。短穗花鼓具有黄河般的壮丽气势和原始生态的文化魅力,成为沿黄区域鼓文化的重要组成部分。短穗花鼓又是在齐鲁文化(特别是齐文化)的孵育下发展成熟的,因此包含深厚的文化底蕴,主要表现在其起源与传承中的务实性、举贤尚功的开明性及百家争鸣的兼容性。从短穗花鼓质朴奔放的风格中足以看出黄河壮丽雄伟的文化魅力,体现了它原始、质朴、勤劳、朴素的原生态美。短穗花鼓也具有兵学文化的积淀,其动作中有高超的武术表演,整场动作的布局也犹如兵法上的排兵布阵,体现了它的尚武精神及健身价值。由于清初时期曾有段时间民间禁止练武,迫使武术删掉了许多实战技击方面的内容,从而成为健身、防身的练习手段。①

东营市广饶县政府深度挖掘、整理了陈官短穗花鼓这一民间艺术,各级政府组织专门的人员学习、排练、展演。同时,陈官短穗花鼓还走进了中小学校园,在中小学成立了短穗花鼓表演队,开设短穗花鼓专项课程,促进短穗花鼓的校园传承。

八、东营市广饶县孙斗跑驴

孙斗跑驴兴起于东营市广饶县陈官乡孙斗村,是土生土长的民间艺术,传承至今已有百余年的历史了,其表演风格热闹、幽默、滑稽。广饶县陈官乡孙斗村的孙奎山是孙斗跑驴的第四代传人。起初,祖辈们为了养家糊口自创了这种连唱带跑的驴戏,它只是一种街头表演。随着时间的推移,跑驴成为了黄河三

---

① 李志强.黄河口"短穗花鼓"的历史嬗变和文化内涵[J].中国石油大学胜利学院学报,2012,26(2):83-86.

角洲地区农村最热闹的活动。2010年8月,孙斗跑驴被评为县级非物质文化遗产,2010年12月被评为市级非物质文化遗产,2013年入选山东省第三批省级非物质文化遗产。

跑驴中的驴形道具用竹、纸、布扎成前后两截,下面用布围住,为黑白两色。跑驴大多为双人表演,1人扮演骑驴妇女,把驴形道具系在腰间,上身做骑驴状,以腰为中心,左右小晃身体,下身用颤抖的小步蹭动,模拟驴的跑、颠、跳、踢等动作。演员上下身动作的强弱、大小、高低要相呼应,并与另一扮演赶驴的人相配合。赶驴人的赶、拉、牵等动作主要表现一种憨厚、质朴的形象,表演夸张、活泼、风趣、诙谐。跑驴一般都是表现1对农村新婚夫妇在回娘家的路上,过沟、爬坡、驴惊、抢救等经过,有说有舞,诙谐风趣。跑驴的主要伴奏乐器有唢呐、小鼓、大钹和小钹等,烘托表演的气氛和节奏。孙斗跑驴的独到之处,就是将当地百姓耳濡目染的民间故事、风土人情,生活中的善恶美丑,用朴实的语言编排成戏曲段子,通过骑驴人与赶驴人之间的说、唱、舞的表演,来表达人们的思想感情。它的动作活泼、奔放,在抑扬顿挫的说唱声中,产生强烈的震撼力和艺术感染力。

孙斗跑驴是黄河流域比较完整、具有典型民间艺术形式的杰出代表,它既体现了本地的文化特色,也反映了文化交融的历史脉搏。跑驴作为民间艺人传承的民间舞蹈文化,由文化空间、历史遗存、民俗文化构成,对黄河流域和鲁北文化的产生、发展以及研究是难得的宝贵财富。孙斗跑驴艺术源于农民的自娱自乐,具有深厚的群众基础,不仅丰富了群众的文化生活,还表达了人民的情感和愿望。孙斗跑驴具有鲜明的艺术特色,对研究我国民间舞蹈文化艺术,理解鲁北文化的基本特征,都是宝贵的历史资料。

2004年,在孙奎山的带领下,成立了斗柯社区跑驴队,很多社区居民积极参与。在他的改编创作下,跑驴的表演形式已经由原来的一骑一赶的单驴,发展为现在的对驴和驴队。以别篱笆、串花变换队形、交换位置,驴群与赶驴者组成了1个壮观的舞蹈群体,气势宏大。2005年,孙奎山被授予"百名农村文化能人"称号。自担任孙斗跑驴教练以来,孙奎山出资3万多元用于跑驴的各种费用。多年来,孙奎山多次带队参加了市、县、乡组织的文艺演出,受到当地群众的喜爱。在乡政府的大力支持下,对孙斗跑驴采取了一系列的抢救措施,投资建设了孙斗跑驴排练馆,并为这个传统节目购置了演出器材、服装等。在乡中心小学成立了孙斗跑驴俱乐部,队员有100余人,由孙奎山定期辅导,从小培养孩子对孙斗跑驴的兴趣。

第五节　鲁西、鲁西南武术文化民俗体育

　　鲁西、鲁西南地区主要包括聊城市、济宁市（不含曲阜市）、菏泽市，另加枣庄市的滕州市、泰安市的东平县、济南市的平阴县。北与河北接壤，西接河南，东南临江苏、安徽。聊城市位于山东省西部，西部靠漳卫河，与河北省邯郸市、邢台市隔水相望，南部和东南部隔金堤河、黄河，与济宁市、泰安市、济南市和河南省为邻，北部和东北部与德州市接壤。6000多年前，聊城即有大汶口文化古城，先后创造了史前文化、运河文化、红色文化等。聊城是国家历史文化名城，其城区独具"江北水城"特色，有"中国北方的威尼斯"之称。聊城境内有名胜古迹2700多处，具有旅游开发价值的景观有470多处，拥有国家级重点文物保护单位3处，省级重点保护单位15处。① 2019年，聊城市被选为山东省新型智慧城市建设试点城市。济宁是华夏文明、东夷文化、运河文化、水浒文化、儒家文化的重要发祥地之一，其历史和文化悠久。儒家创始人孔子、第二圣人孟子、颜回和历史学家左秋明都出生于此。京杭大运河促进了济宁商业经济的繁荣，使济宁成为京杭大运河沿线重要的工商业城市。② 菏泽位于山东省西南部，处于鲁、苏、豫、皖4省交界地带，为中原重镇，历史悠久，享有"天下之中"之誉，是中华武术发源地之一，被誉为"好汉之乡，牡丹之都"。人文始祖伏羲、东夷之帝少昊、贤明君主帝舜、兵主战神蚩尤、改革家吴起、军事家孙膑等都出生于此，刘邦登基称帝、曹操成就霸业、黄巢起义、宋江聚义（有"水浒一百单八将，七十二人出郓城"之说）等都发生在菏泽。

　　武术文化盛行于鲁西和鲁西南地区，拳种繁多，功绩奇特，神秘莫测，风格独特。菏泽被誉为"武术之乡"，传统武术门类有梅花拳、佛汉拳、夕阳掌、太极拳、少林拳、洪拳、八卦拳、水浒拳、二郎拳、炮拳、白鹤拳、阴阳拳等。上述拳派的传统拳法套路齐全，包括拳术、器械、对练、攻防技术等，充分展示了丰富多彩的武术文化风格。济宁也是武术之乡、孔孟之乡，是中华传统武术流派华拳、查拳、文圣拳、梁山武术的发源地。聊城武术文化源远流长，拳种门派众多，技术

---

① 高亚男.济南都市圈城镇体系的现状评估及发展研究[D].济南:山东师范大学,2009.
② 朱国伟.东方圣地　文化济宁:专访济宁市旅游发展委员会杨凤东主任[J].旅游世界,2017(7):108-110.

形态各异,盛行的武术流派主要有少林拳、二郎拳、查拳、八卦拳、梅花拳、大小洪拳等。鲁西、鲁西南地区的民俗体育活动大多融入了当地武术,民俗体育活动促进了武术传承。因此,鲁西、鲁西南地区的民俗体育项目的发展与传承可以与当地武术融合、促进、协同发展。本地区的武术及民俗体育项目包括:临清市的临清肘捶、临清潭腿、临清冯圈竹马、五鬼闹判舞、龙灯、狮舞、高跷、旱船等,聊城市冠县的查拳、柳林花鼓、柳林降狮舞,济宁市梁山县的梁山武术、梁山子午门功夫、梅花桩舞狮子,荷泽市鄄城县的商羊舞、三皇舞、崔楼抬阁、担经,荷泽市东明县的东明佛汉拳、羊抵头鼓舞、撅老四舞。

一、临清民俗体育及武术文化

临清独特的地理文化环境,造就了其具有浓郁地域特色的民俗活动。临清当地的民俗活动也深受传统武术的影响。如五鬼闹判舞、临清冯圈竹马中的多种动作都与武术息息相关;临清京剧武生中的毯子功、把字功等也都来源于武术习练。因此,这些民俗活动的开展也都需要一定的武术基础和技术,同时,民俗活动的开展也在一定程度上促进了武术的广泛传播。民俗活动中的武术元素不仅具有活跃活动气氛的功效,还不断地吸引民众前来观看并模仿,这在一定程度上也有利于当地武术的传播。因此,临清当地的京剧和民俗活动与传统武术息息相关。临清作为运河中的沿线名城,地理位置十分重要,由于历代战乱频繁,武术在当地的开展也较为广泛。临清武术吸纳了齐鲁武术、中州武术、燕赵武术等地方武术的精华,并与当地的民俗密切相关。临清肘捶(国家级非物质文化遗产)和临清潭腿(省级非物质文化遗产)成功申请世界非物质文化遗产是其光辉历史的见证。因此,对临清肘捶和潭腿的深入研究,可以对临清的各种民俗体育活动有更深的了解。

(一)临清肘捶

临清肘捶是临清土生土长的拳种,至今已有140多年的历史,主要流行于山东、河北一带,是中华武术的古老拳种之一。因其能够巧妙使用多种肘法、拳法而得名。历史上,临清地处齐、燕、赵3国的交界处,是兵家必争的战略要地。齐文化、鲁文化和燕赵文化的相互碰撞,形成了独特的临清文化,它既有齐文化的自强不息,又有鲁文化的厚道仁义,还有燕赵文化的豪侠气概。山东省临清市作为鲁西门户,文化底蕴丰厚,历史悠久。自明朝以来,临清作为京杭大运河南北通衢的交通要道,曾繁荣一时。繁荣的运河不仅带动了临清经济的发展与腾飞,也为临清武术的发展提供了南北交流的便利条件。

临清肘捶的内容包括肘捶基本功、肘捶对练套路、肘捶器械套路、肘捶徒手套路、肘捶论5个部分。临清肘捶不仅以易理说拳理,讲究攻防合一,而且讲究手扶太极脚踏八卦,内劲通灵于形意。练习肘捶时双拳要前后左右兼顾,上下呼应,出拳迅速。临清肘捶招法狠、变化多,特别是肘法的杀伤力极大。[①] 临清肘捶融合了河图、洛书、易经、两仪、四象、五行、八卦等中国传统文化,是一种注重实战且杀伤力强的拳种,引入了四象后根据春夏秋冬诞生了四季捶。

第五代传人申孝生从1973年开始在家设场授徒,传承至今,已传至第九代,共200余人。在深圳、福州、长沙、平顶山、安阳等地设立了临清肘捶门人及传承基地,把肘捶推向全国,至今临清肘捶在这些城市均具有广泛的群众基础。现在在肘捶的发源地瑶坡,还有其分支焦庄、临清十长屯等都有传授。

(二)临清潭腿

临清潭腿是中国北方的武术流派之一,源于山东临清龙潭寺,以其独到精湛的腿功在武坛享有盛誉,"南拳北腿"中的北腿指的就是临清潭腿。临清潭腿为昆仑大师所创,距今已有1000余年的历史。

潭腿讲究拳三腿七,拳是两扇门,全凭腿打人。潭腿的套路、节奏清楚,起伏转折、气势连贯,且腿法多变、进退顺畅。演练时要求融内、外功于一体,手、眼、身法、步协调一致。潭腿有30趟徒手套路、56趟器械套路、18种步法、10种腿法、3种手型,此外还包含6种跳跃腿法、8种连环腿法。潭腿的演练方式有单练、对练、集体练习3种,在演练中左右对称、上下呼应、势正步稳、颇具气势。[①]临清潭腿起初是为满足军事武艺训练的需求而创立的,后来逐渐传入民间广泛传播。后来临清传统武术在发展中与宗教密切关联,武术与宗教的结合使得临清潭腿的发展持久而广泛。潭腿非常注重对内功的锻炼,这与医学上所讲的内功是一致的,注重武术和医术相结合。因此,临清潭腿具有极佳的健身防病价值,可以修身养性、磨炼意志,是老少皆宜、男女适用的一种好拳脚。

流传千年的传统武术文化——临清潭腿的传承十分严密,在其发源地河北临西以及现代临清一带早已绝迹。临清潭腿的代表性传承人是山东临清的张庆海老师和北京的隋世国老师。2009年,随着临清潭腿山东省省级非物质文

---

① 高兴.临清传统武术文化特色研究[D].济南:山东师范大学,2015.

化遗产的成功申请,后来又成立了临清潭腿研究会,临清潭腿越来越受到当地人们及政府部门的重视。近几年来,在临清成立了多个武术馆校、武术站和业余培训班,可惜的是,以上开展的内容基本为徒手套路,较少涉及对练和器械。[①] 其如今的掌门人隋世国现为北京市武术协会临清潭腿研究会会长。在国内外都有传人,并受到国际友人的喜爱和传播。

二、聊城冠县民俗体育及武术文化

冠县民俗体育活动中的柳林花鼓和柳林降狮舞分别为国家级和省级非物质文化遗产。柳林花鼓是一种民间鼓子秧歌,柳林降狮舞为一种古老的傩舞,多在庙会演出。冠县查拳为国家级非物质文化遗产,因此对冠县武术(尤其是查拳)的研究以及对冠县柳林花鼓及其他糅合武术动作的民俗体育活动的研究具有重要意义。

(一)冠县柳林花鼓

柳林花鼓(又称柳林秧歌)是流传于山东省冠县柳林一带的民间歌舞,属于民间鼓子秧歌。据传,柳林花鼓起源于明朝,距今已有400多年的历史,其故事取材于《水浒传》,柳林花鼓以其独特的挎鼓方法,有情节、有人物的表演方式而独树一帜,受到有关专家的高度评价。2006年,柳林花鼓入选山东省第一批省级非物质文化遗产,2008年入选第二批国家级非物质文化遗产。[②]

柳林花鼓以花鼓为主要道具,在伞、鞭、锣的配合下,载歌载舞。表演形态主要有踩街和团场两种,团场是柳林花鼓表演的主体部分,又分文场(以唱为主)和武场(以舞为主)两种,先武后文,其演唱则属于质朴的原生态唱法。传承人郭占元把当地黑拳的技巧融入柳林花鼓的动作套路中,使得柳林花鼓极具武术色彩,舞武融合。[③] 因此,柳林花鼓的演员需具有一定的武术功底。柳林花鼓中的武术成分大大增加了柳林花鼓的表演难度,增强了其习练的技巧性和可观摩性,能非常形象、生动地再现梁山好汉的英雄气概。表演的内容一般都有特定风格、特定动作套路、特定情节等,展现出柳林花鼓多年演出中的表演风格

---

① 高兴.临清传统武术文化特色研究[D].济南:山东师范大学,2015.
② 谢艳丽,王学广,王迪.柳林花鼓:400年的传承与坚守[J].走向世界,2012(25):48-49.
③ 李婉真.山东民间舞的研究与挖掘:山东柳林花鼓的初探[J].北方音乐,2015,35(1):66-67.

和特色。[①] 柳林花鼓的鼓带特别长,舞者在表演时鼓总是紧贴小腿,舞者在剧烈的动作中进行有节奏的击鼓,堪称一绝。[②] 柳林花鼓每年都要参加临清碧霞宫庙会表演,具有宗教文化内涵。柳林花鼓表演者在表演中装扮成各种英雄的形象来表达顽强斗争的情绪,体现英雄崇拜的情结。柳林花鼓男性演员的基本体态为大马步、大八字屈膝及微颤状态,体现了农耕文化对柳林花鼓的影响和渗透。

现今柳林花鼓的传承不容乐观,民间艺人老龄化、体力下降,致使许多高难度动作已经无法完成。目前仅存几位能掌握柳林花鼓全套技巧的老艺人,但后继无人。赵同环于2011年接过柳林花鼓的传承接力棒后,最早提出柳林花鼓进校园。2012年2月,柳林镇当地政府将柳林花鼓纳入了青少年素质教育的一部分,柳林花鼓走进武训希望小学,让有兴趣的学生学习柳林花鼓。现今,聊城大学以及省里的部分高校也与柳林花鼓队建立了传承关系,高校的学生每逢寒暑假都到柳林进行非遗技艺学习。

(二)冠县柳林降狮舞

柳林降狮舞因流传于山东省冠县柳林镇南街而得名。柳林杨氏族人于公元1770年前后,从堂邑县南邢庄学得此艺,从此代代相传。至今已传至第九代,历经200余年,该项技艺在原地南邢庄早已灭绝,柳林镇南街成为唯一的分布地。柳林降狮舞是古老的傩舞,主要用于祭祀娱神,多在庙会、年关时节演出。2009年,柳林降狮舞入选山东省第二批省级非物质文化遗产。

柳林降狮舞表演的是降服狮子的故事,由手持八卦阴阳旗、倒心钩和灵芝草的"回回"和两只狮子表演,以追踪、查找、相斗,最后降服狮子的情节线进行表演。降狮舞的乐队阵容非常庞大,其锣鼓经也十分丰富,舞蹈中"回回"有独白,与乐队对话来交代情节,也有傩戏的部分内容。[③] 因此,柳林降狮舞仍保留着许多傩舞的特征。傩舞在山东省较为罕见,目前仅发现3处傩舞,柳林是保存较好的一处,对于研究具有宗教祭祀功能的傩舞及其傩文化都有非常重要的价值。柳林降狮舞有故事、有人物、有道白,表演独特,伴奏恢宏,在众多舞狮中独具一格,具有极高的艺术价值。

每年春节前后,冠县柳林降狮舞都在柳林街上、冠县县城以及聊城城区演

[①] 高阳. 聊城地区柳林花鼓的艺术特点与传承[D]. 聊城:聊城大学,2016.
[②] 谢艳丽,王学广,王迪. 柳林花鼓:400年的传承与坚守[J]. 走向世界,2012(25):48-49.
[③] 贾新伟,韩银亮,杨庆春. 柳林降狮舞:来自远古的傩舞傩戏[J]. 春秋,2018(3):61-62.

出。每年大年初一、正月十五,都在柳林街上演出。为了更好地传承,第九代传承人杨乃让根据2004年老传承人流传下来的降狮舞锣鼓视频,于2010年编制了降狮舞锣鼓谱子。2012年,降狮舞也走进了柳林武训小学,开展"非遗进校园"的活动。老艺人们教孩子们学习降狮舞表演,尤其在寒暑假期间,教孩子们一些表演技巧。如今锣鼓技艺传承得比较好,很多中年人愿意学,空闲时尤其是夏天组织一些村民到三干渠桥上练习,1人敲鼓,1人打镲,一对一纠正错误。每逢周二、周五晚上,还会在柳林医院正东附近练习。为了更好地传承降狮舞技艺,杨乃让在家里成立了柳林降狮舞传习所,每年年初岁尾,他都会组织一场关于传承柳林降狮舞的座谈会。

(三)冠县查拳

查拳是我国传统武术的优秀拳种,起源于山东省聊城市冠县张尹庄,素有"南拳、北腿、山东查"之说,盛行于山东、河北、河南、北京、山西后遍及海内外。查拳是回族中流传较广的中国传统拳术长拳的五大流派之一,分为冠县张氏查拳、冠县杨氏查拳和任城李氏查拳。2008年,查拳入选第二批国家级非物质文化遗产。

查拳体系庞大,技法拳脚并用,内容丰富,节奏明确,吸收《拳经》中的精华,集各家之长,是长拳界的霸主。查拳的技术动作包括基础功法、技击方法、徒手套路、对练套路、器械套路等方面的内容,[①]技击方法包括踢法、打法、摔法、拿法4种,典型器械有"八大件",构成查拳体系基本动作和技击方法的有步型、步法、手型、手法、腿法、平衡、跳跃旋转、击、刺、劈、砍等。查拳重视腿法练习,弹腿是查拳的主要基本功,它以弹腿和其他腿法为主要内容,按回文28个字母排列组成的28个基本动作组合,叫二十八路弹腿。查拳的技术系统完整、内容丰富、功法全面、艺理俱精,姿势舒展挺拔、发力迅猛、动静有致、刚柔兼备、灵活多变、功架整齐,无论往返进退、上下起伏,力求协调配合,整个套路表现出一种潇洒、彪悍、矫捷的形态,是长拳类型中较为系统的拳种。

道家本体论是查拳的认知方式和价值取向,中国武术思想认知论的基础也是道家本体论。查拳的根本思想也认为道生阴阳,虚实、刚柔、动静互为因果,相辅相成。道家天人合一的理念在查拳的很多招式中也能显示出来,表现其崇尚生命和自然,崇尚自然与人的共鸣和统一[②]。兵家的理论构成了查拳技击的

---

① 张辉.山东省冠县查拳运动发展现状的调查分析和对策研究[D].上海:上海交通大学,2011.
② 汲智勇.试论武术术语体现的文化精神[J].体育与科学,1995(2):14-15.

理论基础。查拳中"后发制人,先人出手""扁身雀势,蓄劲待发"的身法,出掌时的钻、裹、旋、闪、展、腾、挪的技击方法及查拳中许多引手的动作,无不体现兵法战略在查拳中的实际应用。中医理论在查拳技法和功法形成方面也有着重要的作用。中医理论认为:筋骨是人体活动的支架,经络是人体活动重要的调控机关。查拳习练的第一步就是通过习练"十大盘"来舒筋活络。其他诸如"阴阳平衡、调气实内"的理论对查拳的功法、技击等方面也都具有指导作用。①

冠县有张氏、杨氏两派查拳。冠县张尹庄的张其维是张氏查拳的代表,其拳法严谨、快速敏捷。冠县城内南街人杨鸿修是杨氏查拳的代表,其势正招圆、舒展大方。现今,习武人群数量逐渐减少,查拳面临无人继承、无徒可教的尴尬境地,查拳的发展与传承呈现滞后的趋势。查拳在申遗成功后政府按照国家非物质文化遗产保护的规定制定了关于冠县查拳的保护措施,对冠县查拳的历史文化资料进行建档保护,并通过社会教育和学校教育等途径对冠县查拳进行传承发展,将查拳作为地方课程纳入中小学的体育教学大纲中,但随着时间的推移,冠县地区开展查拳教学的中小学校逐年减少。冠县体育局主办的冠县查拳学校是冠县查拳活态传承的重要途径。

三、济宁梁山县民俗体育及武术文化

梁山是举世闻名的武术之乡和水浒文化的发祥地。梁山民俗体育活动——梅花桩舞狮子,是在梅花拳拳术和梅花桩武功的基础上演变发展而来的一种传统舞蹈形式。梅花拳是梁山武术十大拳种门派之一。因此,为了梁山梅花桩舞狮子民俗体育项目更好地发展及传承,有必要对梁山武术文化及其主要的门类进行深入了解。

(一) 梅花桩舞狮子

梅花桩舞狮子是在梅花拳拳术和梅花桩武功的基础上演变发展而来的一种传统舞蹈形式。明末清初,梅花桩舞狮子由河北平乡县传入梁山,在梁山已经流传了近300年。狮子在人们的心目中为瑞兽,象征着吉祥如意,也寄托着民众消灾除害、求吉纳福的美好意愿。梅花桩舞狮子多在婚丧嫁娶、贺年贺岁等活动中进行表演。2013年入选山东省第三批省级非物质文化遗产。

---

① 张辉.山东省冠县查拳运动发展现状的调查分析和对策研究[D].上海:上海交通大学,2011.

梅花桩舞狮子的演出一般需要梅花桩、高台、8头大狮子、4头小狮子、绣球，另有锣鼓伴奏6~8人，引狮员1名。整套表演由引狮员与群狮共同完成，并且自始至终他们要组成一个完整的画面。引狮员既是表演者又是指挥者，群狮的表演都是在引狮员的指令下进行的。舞狮者通过不断变换马步，配合狮头动作，把狮子的喜、怒、哀、乐、动、静、惊、疑八态表现得活灵活现，加上狮子的舞动、起势、常态、奋起、疑进、抓痒、迎宾、施礼、惊跃、窜视、发威、过山、翻滚、上楼台等多种形态，摆出各式造型，给观众以艺术的享受，经常演出的传统节目有《李逵东京闹狮子》《龙狮锣鼓庆祥和》《龙腾狮跃》《双狮护桃》《醉狮子》《狮魂》《百狮闹春》等。

由于在梅花桩上练习舞狮子的难度大，对演员的身体条件要求高，不便于推广和对外表演。清末时期，演员们由在桩上练习舞狮子逐步转变为桩上与桩下练习相结合，并进行一些地面表演活动。现在流行的梅花桩舞狮子分为桩上舞狮和地上舞狮两种形式，其中桩上舞狮是区别于其他舞狮的主要特征，也是其精华所在，因此表演者需要有扎实的梅花拳、梅花桩武术功底。

梅花桩舞狮子是一种集武术、娱乐、表演为一体的传统习俗活动，近年来也发展成为一种现代体育运动比赛项目，其无论是形式还是内容都带有鲜明的地域特色。梅花桩舞狮子经过数代人的继承与发展，舞狮水平逐步提高并自成一系，至今仍拥有众多观众和爱好者。

（二）梁山武术

梁山是举世闻名的武术之乡和水浒文化的发祥地。因此，不仅在国内一向与河南少林、湖北武当、四川峨嵋齐名，而且因一部古典历史巨著《水浒传》驰名天下。

梁山武术是指在八百里水泊梁山这一特定齐鲁文化和水浒文化环境中形成的，以忠、义、礼、信、仁为基础，体现梁山好汉的情怀与气派，并以好汉武功遗韵、梁山土著拳械与外来拳种三位一体、相互融通为主要表现形式的一种传统文化形态。梁山武术的发源地水泊梁山处于齐鲁大地水浒地域，在传承发展的过程中深刻地受到了水浒文化的渗透和影响。千百年来，梁山武术秉承着齐鲁文化和水浒文化的本色，历经数代拳师精心修炼，已形成拥有十大拳种门派、72种梁山好汉拳械和36种土著拳术套路的武术体系，在全国武术界独树一帜，具有极高的科学性与艺术性。①

(三) 梁山子午门功夫

梁山子午门功夫又被人们称为梁山功夫,是梁山地区的本土流派,是梁山武术中具有代表性的核心内容之一,由梁山县北部建福寺老方丈元通大师和梁山好汉们集结群体智慧结晶而成,距今已有800多年的历史,堪称中华民间武术的一朵奇葩。② 2009年,梁山子午门功夫入选山东省省级非物质文化遗产。

梁山子午门功夫在形成过程中创编了众多各具特色的武术拳种,其器械套路、徒手拳法与内功功法的名称多以好汉们的名字命名,且拳如其人、风格迥异。其中有代表性的主要有水浒拳、燕青拳、二郎拳、武松脱铐拳、鲁智深拳法等。③ 子午门功夫在技法上突出实用性,且功法技击特点浸润了古代兵家思想之长,长期练习可强身健体,跃高纵远,技击防身。子午门功夫练功主要在子时(阳光最为阴沉)与午时(阳光最为热烈)两个时间点,练武讲究先阴后阳、阴阳互补,阴与阳都具备是这种功夫的一大特点。子午门功夫受儒家思想的影响,其功夫里体现的行侠仗义、除暴安良等特点正是儒家思想中注重义大于利、律己正身、舍生取义的体现;子午门弟子必须秉承"信义为立身之本"的精神是儒家文化中重诺守信的体现。④

第二十一代掌门宋义祥,自1987年执掌子午门至今,被同行誉为"神腿大侠",为子午门承前启后的一代宗师,在国内外享有较高声誉。⑤

四、菏泽东明县民俗体育及武术文化

东明县的民俗体育项目主要有羊抵头鼓舞和撅老四舞等。羊抵头鼓舞是一种民间舞蹈,撅老四舞是一种土生土长的民间艺术形式,是当地人世代相传的一种文化形态。因当地村民素爱习武,遂将武术融入当地的羊抵头鼓舞中,增加了动作的幅度和技巧的难度,丰富了舞蹈的表现语言。羊抵头鼓舞所用大鼓个大势沉,加上表演激越,动作幅度大,动作中融入了武术成分,这些都要求

---

① 杜娟. 浅析梁山武术的文化形态及传承保护[J]. 科技与企业,2014(7):275.
② 刘富顺,刘瑞莲. 水浒武术文化的探析及理性思考[J]. 山东体育学院学报,2011,27(8):39-42.
③ 李成银,刘逢翔,张子民,等. 子午门功夫与齐鲁文化[J]. 体育文化导刊,2002(2):49-50.
④ 王长虎. 从水浒文化视角透视梁山子午门功夫的演进[J]. 中华武术·研究,2015,4(2):61-65.
⑤ 李成银,刘逢翔,岳宗周,等. 子午门功夫的历史与源流[J]. 春秋,2003(6):54-56.

习练者有强健的体魄、坚强的性格和超人的耐力。因此,想要对东明县民俗体育活动进行深入了解与传承有必要进一步研究东明佛汉拳。

(一)东明佛汉拳

东明佛汉拳又称佛汉捶,俗称佛拳,是一种中国传统武术形式。此拳起源于河南嵩山少林寺,是寺内武僧徐修文取诸家拳法之精华创编的拳种,它一直为寺内高僧专练之术,秘不外传,后由佛门传出,流入民间。佛汉拳传入并盛行于山东省东明县,是东明县特有的拳种和珍贵的文化遗产。2011年,佛汉拳入选第三批国家级非物质文化遗产。

东明县文化底蕴丰厚,素有"武术之乡、戏曲之乡、书画之乡"的美誉,有佛汉拳、太极拳、梅花拳、洪拳等十几个拳种,习武者甚多。佛汉拳的套路风格、技法或拳理均具有少林寺北派武术的特点,其以徒手练习为主要内容,以对打为主要形式,由养生、功法、技击3部分组成,动作紧凑精巧、灵敏多变、刚柔并济,具有系统性、实用性、科学性、综合性等特点,在强身健体、防身格斗、品德教育等方面均独具价值。[①]

在市场经济的冲击下,在武术之乡东明县,人们习武也更加注重其经济效益。佛汉拳虽入选国家级非物质文化遗产,但缺乏有效的保护措施[②]。由于佛汉拳并不在国家规定的几项传统体育项目名单中,并不是国家规定的考试项目,因此只有菏泽较大的武术学校开设了佛汉拳课程,很遗憾佛汉拳的发源地——东明县的武术学校鲜有开设此课程,当地习练佛汉拳的多为半百的老者,其后并没有发展起继承和发扬佛汉拳的队伍,因此佛汉拳的传承与发展境况堪忧,如何探寻一条适宜佛汉拳在"非遗后时代"传承与发展的路子迫在眉睫。不断完善其自身理论与技术体系,多渠道促进佛汉拳的教育普及、传承保护、传播交流、创新发展,适时采用当今的微媒体手段[③],保障佛汉拳技艺的持续、持久传承。[④]

---

① 张双建.东明县国家级非物质文化遗产佛汉拳传播研究[D].昆明:云南师范大学,2013.
② 闫智惠.探索传统民族体育项目,弘扬民族体育精神:以山东东明佛汉拳的历史演变及发展现状为例[J].武术研究,2017,2(3):106-109.
③ 刘晓梅,王德辉."微时代"体育非物质文化遗产的传播与保护研究[J].哈尔滨体育学院学报,2016,34(6):62-65.
④ 王艳红,朱延军,石爱桥.国家级非物质文化遗产佛汉拳研究综述[J].哈尔滨体育学院学报,2017,35(1):30-34.

(二)羊抵头鼓舞

东明县位于山东省西南部,是黄河入鲁第一县。羊抵头鼓舞是一种流传于黄河两岸的乡村、城镇的民间舞蹈,因其舞蹈动作似羊抵头,且胸前挎鼓,故称为羊抵头鼓舞。羊抵头鼓舞在明永乐四年(公元1406年)随移民从山西省洪洞县迁至现东明县大屯镇王菜园村,属于山西盘鼓的一个支派,距今已有600多年的历史。2009年,羊抵头鼓舞入选山东省第二批省级非物质文化遗产。

羊抵头鼓舞开始称为四翻鼓,乐队规模较小,因当地村民素爱习武,遂将武术融于舞蹈,加大了动作的幅度,丰富了舞蹈与表现语言,多在春节、元宵节及喜庆时表演。羊抵头鼓舞的舞队无固定编制,规模可大可小,少则十几人到几十人,多则可达上百人。羊抵头鼓舞的鼓曲属套曲结构,称为五部四翻。羊抵头鼓舞在表演时根据其功用和场地不同,其表演形式可分为原地表演和行进表演两种。随着表演的进行,全体成员变换成以4人为一小组的正方形,并由多个4人小组组成1个大的方阵进行击鼓。随后队形变化为两个圆圈,大圈包围着小圈,最后全体成员排列队形结束表演。整个表演过程鼓手动作整齐,气势震撼,鼓点激越,具有强烈的表演性和感染力。行进表演时,鼓队排成4路纵队,最前面是鼓,中间是铙、镲、锣等打击乐器,最后是尖子号,在行进表演中,鼓手要根据鼓点的变化时快时慢、时进时退、时走时停,表演激烈时,鼓手会同时跃起,常能赢得观众的喝彩。整个表演热烈、豪放,动作极具舞蹈性,鼓手既是乐器的演奏者,又是舞蹈的表演者。[①]

羊抵头鼓舞所用大鼓个大势沉,加上表演激越,动作幅度大,这些都要求每个队员要有强健的体魄、坚强的性格和超人的耐受力。同时也形成了羊抵头鼓舞沉稳雄壮、浑厚粗犷的民间艺术风格。羊抵头鼓舞是仅存的较为原始的舞蹈动作及鼓曲,表演和鼓曲一枝独秀,是民间舞蹈研究不可多得的活体标本。表演和鼓曲及伴奏有机结合具有较高的欣赏价值。羊抵头鼓舞在古时多用于庆典、祭祀、求神、求雨、驱鬼等活动中,题材涉及神话传说、民间传奇故事等诸多方面,具有鲜明的地域特色和丰富的民俗内涵,是研究地方人文风情、民俗习惯的珍贵资料。

羊抵头鼓舞历经600多年历史长河的洗礼,仍具有鲜活的生命力。它虽有600多年的历史,但因其传承方式是口传身授,缺少文字记载,民国以前的传承

---

① 穆琳超.东明县"羊抵头鼓舞"的艺术考究与发展探微[J].智富时代,2019(7):328.

关系已无据可考,现据老艺人回忆,民国以来已传承五代。但在20世纪六七十年代受到严重冲击,许多老艺人相继谢世,现在世的一些老艺人年事渐高,一些传统舞技和鼓曲濒临失传,面临着后继乏人的困难境地。它赖以生存的群众基础,也因当今各类媒体的冲击,演出阵地日渐缩小。部分传统舞技和鼓曲已经失传,现在世的老艺人所掌握的资料,急需挖掘、记录、整理和传承。我们需进一步做好对传统表演、鼓曲的挖掘整理、搜集归档,加强对老艺人、传承人的保护,对其进行抢救性录音、录像,建立数字资料库。利用现有的鼓队资源,加强对青少年鼓舞人的培养,是使其得到更好的传承的有效措施。

(三)撅老四舞

撅老四舞是一种土生土长的传统舞蹈。据考证其起源于明朝永乐年间,老四是明朝的一位清官,他爱民如子,清正廉洁,经常带着他的老婆下乡,体察民情,访贫问苦,与群众同欢同乐。人们根据当时的情景,集体创编了一种民间舞蹈——撅老四舞。在长期的农耕生活和民间习俗中,人们又融入了民间戏曲、杂技、游戏、音乐等艺术形式。撅老四舞是当地人世代相传的一种文化形态,与当地的世风民俗、地域环境、历史环境及人们的生活情趣、思想观念等有着千丝万缕的联系。撅老四舞的表演动作幽默滑稽,语言诙谐风趣,风格淳朴自然,内容丰富多彩,集中体现了广大劳动人民纯朴自然、乐观向上的民族性格。[①]撅老四舞多在庙会、祭祀、祈雨、免灾风俗活动中表演。随着社会的发展,现在的撅老四舞多用于庆祝节日,特别是春节、元宵节等传统节日。2013年,撅老四舞入选山东省第三批省级非物质文化遗产。

撅老四舞起初称为抬老四。用1根长约5米的柳木或竹竿,由2个人抬着,老四坐在中间,表演多种惊险动作。后来在柳木中间加了1块横木,前后由4个人或8个人抬着,虽然有了改进,但毕竟过于浪费体力,表演不能持久,直至发展到撅车,才突破了传统的表演模式,不仅节省了人力,而且可以边走边表演,增强了表演的惊险程度,拓展了表演空间。

撅老四舞的表演分为杆上表演和地面表演两部分。杆上表演时,老四和太太分别坐在撅车木杆的前后两端,后端由4~6人用绳拴住木杆后头,用力向下拉或往上送,随着一拉一送,坐在前端的老四一高一低,高时达五六米,低时能着地。演员在空中可表演多种惊险滑稽的动作,同时用语言和观众进行交流。

---

① 李美丽.鲁西南抬阁的习俗渊源与传承价值考[J].艺术科技,2013,26(5):56.

撅老四舞的表演以锣鼓开道,马队紧跟,前面4个随从带路下乡察访民情,随从们手执水火棍,在两边分开观众,撅老四手拿破蒲扇和长杆烟袋坐在木杆上,撅老四的太太坐在木杆后面,管家一手拿着旱烟袋一手举着尿壶,时不时地用尿壶喂撅老四喝水,引得观众捧腹大笑,执茶壶和拿马扎的随从簇拥在后,众杂役推着撅车跟在最后(现在有的表演用上了三轮车)。撅老四一路在木杆上随着鼓点边舞边走,表演着各种动作,或转圈,或摇扇子,或吸旱烟,或喝水,撅老四还和群众交谈,让百姓有冤诉冤,有屈报屈,中间还穿插一些撅老四和太太的挑逗、调笑、戏谑等诙谐情景,以及坐马扎、喝茶水、抽旱烟等生活细节,使现场笑声浓浓,顶破云霄。

数百年来,撅老四舞世代相承,不断发展,显示出深厚的群众基础和旺盛的艺术生命力,是我们割舍不下的古韵情怀,是我们不可或缺的文化遗产。现在撅老四舞每年都要组织规模较大的演出活动,为群众的生活和节日增添了欢乐祥和的气氛。

五、菏泽鄄城县民俗体育

(一)商羊舞

商羊舞是山东省菏泽市鄄城县一种风格独特的传统民间舞蹈,它依托民俗仪式的空间而存活,是在特定的民俗节日里,在祭祀求雨仪式中表演的舞蹈。最初,商羊舞是古代的人们模仿商羊的动作进行的求雨活动。久而久之,经过历代人们的演传,形成了一种独特的民间舞蹈。商羊舞是濒临绝迹的古代舞蹈,全国只有杏花岗保留下来,距今已有3000多年的历史。2006年,商羊舞入选山东省第一批省级非物质文化遗产,2008年入选第二批国家级非物质文化遗产。

商羊舞是一场盛大的集体舞,一般以12~16人为宜(男女各半)。古代,跳商羊舞的均为男性,女人是不允许进入场地表演的。该舞动作幅度大,难度高,腾空跳跃动作力度强,一组接一组,一队接一队,轮番蹦跳,轮流休息。在乐队的伴奏下,舞者手持响板有节奏地撞击,口中学着商羊鸣叫,模仿商羊的动作,边舞边变换队形,完成从"上山"(出场)到"下山"(退场)的整个流程。[①] 商羊舞

[①] 曹海滨.山东菏泽地区传统民间舞蹈文化[D].西安:陕西师范大学,2008.

利用以鼓为主的民间打击乐器(如鼓、锣、钹、镲、梆等)和音色浑厚、高亢、富有较强表现力的鲁西南民间乐器坠琴,使音乐的节拍和商羊舞的动作完美地结合在一起。

商羊舞像大多数古代祭祀舞蹈一样,它的动作较为单调、简单、重复,表情不丰富,审美价值不高。但是,它在古代舞蹈史(特别是古代祭祀求雨舞蹈史)的研究上具有重要的研究价值与参考价值,对活跃人民精神文化生活、繁荣当代舞蹈创作具有重要的借鉴意义,是古代舞蹈的"活化石"。[①] 商羊舞中暗含的图腾崇拜,受到人们的认同和保护,商羊舞被认为是一种可以给人们带来福音的舞蹈。[②] 商羊舞也是一种富有地方特色和民俗特色的民间舞蹈,深深植根于乡间民俗之中,千百年来,一直是广大劳动人民喜闻乐见的艺术形式,是中国传统文化宝库里的乡土瑰宝,对鲁西南地区各种祭祀活动和民间礼仪的内容、程序均具有重要的研究价值,能让我们进一步了解鲁西南的历史、人文、地理、民俗等,具有人类学、民俗学的研究价值,受到国内外学术界的关注。

商羊舞主要通过族内袭承的模式进行传承,因此,其所传技艺能够保持原汁原味并更加精益求精。商羊舞作为鄄城县杏花岗一带独有的舞蹈形式,并没有形成众多的流派和门类,而是在当地一脉相传,历代延续着古老的祭祀风格。但是随着商羊舞与三月三节日的融合,其也在逐渐向着自娱和娱人的世俗化方向发展[③]。尽管这种融合让商羊舞失去了一些珍贵的上古时代的原始文化风貌,但商羊舞能够传承保存下来,得益于与传统民间习俗文化节日的密切融合。

(二) 三皇舞

三皇舞是一种古老的舞蹈,流传于山东省菏泽市鄄城县李进士堂镇、旧城镇一带(陈刘庄)三皇庙、三官庙、三贤祠的一种古老的传统祭祖、求雨、祭祀舞蹈,以李进士堂镇杏花岗村最为著名。此舞相传起源于三皇时代,距今已有四五千年的历史。2009年入选山东省第二批省级非物质文化遗产。

三皇舞的舞蹈动作简单、节奏平稳、风格古朴。现在所能看到的表演,一般有3人、9人或12人,演员们赤背露体,下身系树叶、兽皮或麻布,手拿牛臀骨,顶端上方左右各有两孔系铜铃和红缕彩结两朵,手脖、脚脖上各系有铜铃1对或其他装饰物,在鼓乐队的伴奏下,模仿猿人爬行、站立、行走、蹦跳。步伐有

[①] 岳音.商羊舞探考[J].齐鲁艺苑,1998(1):41-43,47.
[②] 赵海青.商羊舞的民俗文化探析[J].广西师范学院学报(哲学社会科学版),2015,36(3):13-15.
[③] 乔方辉.鄄城商羊舞[J].民俗研究,1992(2):93.

并、弓、追刺、三步一停、十字步、禹步、摇步、蹉步、缠丝腿、跑跳步、回旋步、缠线蛋等。上肢动作有小五花、大五花、风火轮、拐子架、顺子架、前扑后仰、磕头作揖、大甩臂、小甩手、搂后桥、扔人子、颊偩、叠筋等。有些舞蹈动作是吸收了莲花落上的舞蹈动作改编而成,并进行各种箔花舞蹈队形的穿插变化。队形的排列有横排、直行、十字形、蜗牛队形、二龙吐须、八卦图、八卦阵、里逻城、外逻城等,简单而又多变化。伴奏乐器有民族管弦乐器和打击乐器,此舞屈腿佝脚而舞,用以模仿原始人蹦跳的动作,这也是其区别于其他祭祀舞蹈的地方。

古时的三皇舞属于宗教祭祀舞蹈,是逢旱祈雨时在野外的田间地头和三官庙、三皇庙、三贤祠前面,跳给神看的舞蹈,是一种全民性的民俗活动。远古时代三皇舞的舞者一般为男性,妇女不准参加。其伴奏乐器十分简陋,主要由鼓、响板等打击乐器组成。现在的三皇舞是表达欢乐、喜庆情感的一种民间舞蹈艺术表演形式,成为民间自娱和娱人的舞蹈,在每年的春节和佳日在舞台、广场表演。现在的舞蹈者有时是男女对半,有时则全是女性,女扮男装,女拿响板,男拿牛臀骨。现在的乐器伴奏比较丰富,除了鼓等民族打击乐器之外,还有尖子号、大铙、小铙、大镲、小镲、喇叭、笙、云锣、板胡等管弦乐器,音乐的表现力更加丰富。

三皇舞作为我国典型的古代求雨、祭祀、祭祖舞蹈的"活化石",从通神、敬神、娱神到自娱(群众性舞蹈)、娱人(表演性舞蹈)的发展演变,恰恰反映了宗教祭祀、祭祖巫术的演变规律及其舞蹈发展史,是中国民间舞蹈的奇葩。对三皇舞当代遗存的深入挖掘,可为我们研究古代舞蹈史(特别是殷商之前的祭祀舞蹈)提供重要的参考价值,对繁荣当代舞蹈创作等也具有重要的借鉴意义。

(三) 崔楼抬阁

崔楼抬阁流传于菏泽市鄄城县,主要分布于鄄城西南部的临卜镇崔楼村一带。它集神话传说、历史故事于一体,融杂技、绘画、彩扎、戏曲、纸塑等艺术为一身,深受鄄城人喜爱。[①] 2013年,崔楼抬阁入选山东省省级非物质文化遗产(扩展项目)。

崔楼抬阁由本村辈分较长的老艺人绑阁,且绑阁时不允许外人观看。首先在方桌上竖立并固定铁棒,桌上固定2个年龄在10~12岁、扮演故事中人物的儿童,然后再穿上人物的服装,掩盖道具的痕迹。上面的人站在花扇或宝剑上

---

① 李美丽.鲁西南抬阁的习俗渊源与传承价值考[J].艺术科技,2013,26(5):56.

翩翩起舞,另一人在下面用手托举,由 4 人抬着缓缓而行。抬阁的"阁"有平阁和高阁两种,抬阁表演的故事主要有《赵匡胤千里送京娘》《哪吒闹海》《吕洞宾戏牡丹》《梁山伯与祝英台》《白蛇与许仙》等。乐队和抬盒小官在抬阁的前面进行衬托,在每架阁的四方各放一些彩旗,共 30~50 面彩旗,抬起阁来彩旗飞舞,鼓声震天,十分吸引人。抬阁造型优美,场面壮观,加上锣鼓相伴,给人以惊奇之感,美不胜收。①

（四）担经

担经是流传于鄄城县彭鼓楼一带的集体舞,源于原始社会后期的母系社会,是佛教音乐传入后,与当地传统担经艺术糅合发展而形成的一种新的民间艺术形式,在鄄城县已有 1000 多年的历史。② 这项古老的民间艺术在鄄城县流传较广,一般在庙会上表演,在鄄城县的沙土庙会、郭北口庙会和信义庙会上均有表演。2009 年,担经入选山东省第二批省级非物质文化遗产。

担经表演所用的道具是 1 个特制的经挑,用 1 根柔软的竹坯做成担挑的扁担,两边担挑着妇女自己制作的花篮,花篮上绣着五彩的鲜花,鲜艳亮丽,十分夺目。担经表演的形式主要分为两种:1 人或多人担着经挑吟唱或在宽阔的场所身穿彩衣、担着经挑表演。担经的舞姿主要有剪子股、铁锁链、蛇蜕皮 3 种。《花盆经》主要以两人一边演唱一边表演的形式进行表演。担经表演时伴奏乐器为唢呐等民间乐器。担经表演的曲调有曲艺曲调、戏曲曲调、民歌曲调等十几种,表演曲目有《走路经》《保麦子经》《十二月经》《五月经》《白菜经》《泰山经》《进庙经》等 100 多首。② 担经是鲁西南地区特有的以祭祀活动、歌舞表演为载体,以娱神、娱人、教人、诵经为主要内容,富含民俗、艺术、历史、宗教等文化的传统民间活动。

第六节　鲁南革命老区红色文化民俗体育

鲁南地区主要包括临沂市(不含平邑县、蒙阴县)、枣庄市(不含滕州市)。东接日照、潍坊,南临江苏徐州、连云港,西连济宁,北依泰安、淄博。枣庄是山

---

① 李美丽.鲁西南抬阁的习俗渊源与传承价值考[J].艺术科技,2013,26(5):56.
② 刘晨燃.菏泽地区民歌曲调与演唱风格研究[D].济南:山东师范大学,2008.

东省重要的现代煤化工、能源、建材和机械制造基地及新兴科技创新基地,是鲁南地区中心城市之一。枣庄是中国首个海峡两岸交流基地和全国健身秧歌城市,因铁道游击队和台儿庄大战而闻名中外。临沂地处中国华东地区、山东东南部、黄海西岸、长三角经济圈与环渤海经济圈结合点、东陇海国家级重点开发区域和鲁南临港产业带,是著名的商贸名城和物流之都,是全国重要的物流周转中心和商贸批发中心,也是山东省地区中心城市、临日都市区核心城,是一座具有滨水特色的现代工贸城市。沂蒙山区和枣庄市的红色体育形式多样、内涵丰富、特色鲜明,鲁南地区休闲娱乐类的民俗体育丰富,富含浓郁的生活气息,凸显鲁南人民当地文化的民俗风情。

鲁南地区民俗舞蹈类的民俗体育资源众多,此类民俗体育项目主要有临沂市河东区的龙灯扛阁、打腰鼓、跑马灯、跑旱船、打花鼓等,枣庄市台儿庄区的鲁南花鼓、薛城区的人灯舞和骰牌灯等重要的非遗民俗项目。健身广场舞类的民俗体育项目主要有临沂市兰陵镇的猴呱嗒鞭舞,临沂市临沭县、郯城县及兰陵县一带的打花棍,临沂市临沭县的扑蝴蝶,枣庄市的鲁南花棍舞等。常见的红色体育类民俗体育项目主要有占山头、推独轮车、泗水、卷席、红军扁担、火线鸡毛信、红嫂救伤员、南泥湾丰收、艰苦长征路、英雄炸敌堡等。[①] 鲁南地区还具有丰富多彩的原生态娱乐性民俗体育项目,如抓石子、滚铁环、打陀螺、跳房子、跳皮筋等,多为儿童、少年喜爱的运动项目。因此,鲁南地区的民俗体育项目主要依托革命老区的红色文化,发展红色民俗体育,并结合一些民俗舞蹈和原生态娱乐性民俗体育项目的特点开展健身广场舞和休闲娱乐类民俗体育项目。

一、民俗舞蹈类民俗体育项目

(一)枣庄市台儿庄区鲁南花鼓

鲁南花鼓又称运河花鼓,是一种地方秧歌舞,产生于台儿庄运河两岸,广泛流传于鲁南、苏北地区。鲁南花鼓是一种独具鲁南地方特色的传统民间舞蹈,一般在每年农历正月十五前后演出,它融合了山东大汉的粗犷、威严和山东妇女的泼辣、柔美的艺术风格,深受当地百姓喜爱,2006年入选山东省第一批省级非物质文化遗产。

---

① 谢士玺.沂蒙山区民俗体育旅游资源开发策略研究[D].长沙:湖南师范大学,2019.

鲁南花鼓集歌、舞、打击乐于一体,突出其粗犷、奔放、幽默、风趣的特点,又不失细腻、流畅、优美的风韵,因此在地方秧歌舞中别具一格。场外擂鼓者是乐队的总指挥,可根据场内气氛即兴变换击鼓花样,但始终与场内的鼓点与节奏一致。表演队伍一般由5人组成,根据其道具不同分别为琼伞(1人)、扇花(2人)、鼓手(2人);有时3人表演,琼伞、扇花、鼓手各1人。其道具、服饰装束简单、纯朴,典型大家闺秀模样,很迎合老百姓的心理。表演时,琼伞领舞,鼓手与扇花对舞,对舞结束后两人对唱、载歌载舞,打击乐伴奏,总指挥为场外擂鼓者。琼伞的基本动作主要有跑伞、绕头伞、侧身滚伞;鼓手的基本动作有碎步击鼓、仙人指路、摇橹式、踩四门、凤凰三点头、抹帽式、磨盘鼓等多种动作;扇花的基本动作为碎步挽花、绊脚、跳山。

鲁南花鼓是集歌舞于一体的秧歌形式,载歌载舞、活灵活现,表演场地可自由切换。鲁南花鼓中扇花的动作风格及台儿庄传统民间戏剧柳琴戏的伴奏,体现了其南、北方文化兼收并蓄的特点。相较其他民间舞蹈,鲁南花鼓的表演人数虽然相对较少,但其表演的场面却毫不逊色,这正是鲁南花鼓的魅力所在。

台儿庄历史悠久,自古即为"商贸重镇、水旱码头",文化底蕴丰厚,当地自然环境条件优越、经济繁荣,因此形成了当地特色的文化。中原文化、燕京文化、吴越文化、齐鲁文化、宗教文化等多种文化并存、和谐共生,孕育出当地特色的古城文化与运河文化。[①] 鲁南花鼓受宗教祭祀及佛教文化、农耕文化的影响,具有儒家文化的精髓和运河文化的内涵。台儿庄位于运河文化带中山东和江苏两地的交界点,南方与北方的文化顺着运河来到台儿庄,影响着台儿庄鲁南花鼓的各个方面,南北方文化在这儿兼收并蓄形成特有的台儿庄运河文化。[②] 鲁南花鼓中扇花的动作风格不仅有北方女子的泼辣、洒脱,也有南方姑娘的腼腆、害羞。其伴奏明显有台儿庄传统民间戏剧柳琴戏的影子,而柳琴戏是典型的南北方文化交流的产物。齐鲁文化作为鲁南花鼓的内在文化核心,其舞蹈的风格动律、体态特征、服装造型等众多方面都深深印上了齐鲁文化的烙印。鲁南花鼓除了具有丰厚的文化内涵外,还具有符合现代文明气息的时代价值,并对当地老百姓的精神生活、经济文化的促进以及民间舞蹈的发展都具有极大的实用价值。鲁南花鼓是集歌舞于一体的秧歌表演,不仅满足了老百姓载歌载舞的视听觉享受,也增加了舞蹈的别样风情。其表演场地不受限制,既可走村串巷地表演,也可在田间广场或市井街头自由表演。鲁南花鼓作为鲁南民

---

① 朱歌.鲁南花鼓的挖掘整理与实践探究[D].济南:山东师范大学,2018.
② 袁禾.中国舞蹈意象概论[M].北京:文化艺术出版社,2007.

俗文化演艺模块中的一大特色,与渔灯秧歌、跑旱船共同列为台儿庄古城文化旅游的龙头项目,带动了区域经济的发展,为台儿庄旅游业的发展带来了现实意义。①

（二）枣庄市薛城区人灯舞

人灯舞是山东鲁南地区流行的一种舞蹈艺术,属于民间自娱自乐的文化活动,起源于明末清初的山东省枣庄市薛城区沙沟镇,是鲁南地区流行的一种民间自娱自乐的游艺活动。该活动项目一般在盛大节日,特别是正月十五元宵节期间举行。人灯舞被称为"鲁南傩戏活化石"。

人灯舞的表演方式为1人或多人身穿红色或绿色的特制大褂,大褂特长,连表演者的头都能裹在里面;再在头上顶双人长条凳,长凳上系着泥罐,泥罐化妆成人头,上面画出人的眼、鼻、嘴,眼饰成红的,鼻子饰成绿的,又称红眼绿鼻子。表演前在泥罐顶端放顶礼帽,罐内点燃油灯或蜡烛。晚上表演时,众人围绕一堆点燃的篝火跳各种各样的舞,表现出一种狂野的姿态;白天,人灯在街道上行走时,大褂内的人用手操作板凳,板凳和泥罐可以前后左右转动。

人灯舞具有商周时期傩舞的显著特征,这是从宗教仪式活动中派生出来的,可以看作傩舞的延续,具有祭祀的内涵。随着改革的发展,人灯舞逐渐摆脱了原有的祭祀作用,开启了自娱自乐的艺术发展之路,表演场地也由原来的坟地、祠堂,转移到城镇中的大街小巷,成为齐鲁大地舞蹈艺苑中不可多得的一朵芬芳小花②。但其围着篝火而舞的基本表演形式却没有改变,表演者在火光之中舞蹈,围观群众无不拍手叫绝,烘托出热闹喜庆、和谐平安的氛围。

沙沟镇的张启恩和王焕箴两位老艺人为了让更多的人了解、认识这一古老的民间艺术,不顾年老体迈,组织了1支由16人组成的人灯舞队,16人中8位男子头顶人灯,8位女子手提宫灯(原始的人灯舞没有加入现在的8个宫灯),通过精彩的表演,为世人揭开人灯舞的神秘面纱。人灯舞在舞动的过程中要相互衔接,人灯和宫灯还要错灯,错而不乱,错劲敏捷,又要与同伴的灯配合默契。如稍不注意,把灯错过位或高低不均,就会打乱全局,弄错画面,失去美感。因此,错灯的一上一下、一来一往、行走穿插,都要求表演者们准确无误。

---

① 朱歌.鲁南花鼓的挖掘整理与实践探究[D].济南:山东师范大学,2018.
② 徐伟.试析民俗舞蹈"人灯"的艺术特色[J].枣庄学院学报,2013,30(3):128-129.

(三) 临沂市河东区龙灯扛阁

龙灯扛阁发源并流传于临沂市河东区九曲街道三官庙村一带,至今已有170多年的历史。龙灯扛阁把扛阁和龙舞交融于一体,为当代民间龙灯表演带来了一股清雅之风,艺术特色鲜明,在全国独树一帜。[①] 龙舞表演时扛着小孩随龙走、跑、挪、移,展现与龙同游的场面[②]。龙灯扛阁常在春节至元宵节期间表演,是当今沂蒙地区最具代表性的舞蹈。2010年,龙灯扛阁入选第三批国家级非物质文化遗产。

民间舞蹈龙灯扛阁由舞龙队、扛阁队和鼓乐队3组表演人员构成。舞龙队分为男性大青龙组、女性荷花龙组。舞龙者为青壮年,两组轮番上场,每组10人或14人。其中1人擎珠(擎珠者是整个队伍的指挥者),其他分执龙头、龙尾。三官庙村舞的双龙是东海苍龙,较一般的舞龙表演中的龙要长,龙身9节或12节,最长的达13节,大而长,摆开足有50余米,节内燃烛,后来有的放置电灯泡。扛阁主要以走场为主,当舞龙动作激烈时,扛阁队在一旁交叉、变换队形;当舞龙动作舒缓时,扛阁队则插入龙队中穿行。[③] 鼓乐队的音乐伴奏为舞龙队与扛阁队营造各种气氛。在三者的有序配合下,龙灯扛阁激情起舞、异彩呈现,成为河东文化的重要标志。[④]

龙灯扛阁表演是龙灯与扛阁两种形式交织形成的,不同于过去单纯的龙舞表现方式。沂蒙地区地处齐鲁文化的交汇处,深受齐文化和鲁文化的影响,龙舞是鲁文化的代表,龙灯与扛阁的结合正体现了齐文化的开发进取。[⑤] 扛阁类似于现在的杂技,单一的表演枯燥乏味,但容易引人关注,[⑥]再通过人与龙的配合表演,使充满灵性的龙与引人注目的扛阁表演透露出喜庆而热闹的气氛,展现出浓郁的沂蒙地方特色。再者,龙灯扛阁在龙珠、龙体、扛阁、服装等方面,注重乡土气息的表达,并恰如其分地融入一些现代元素,全方位地展现沂蒙地域的文化特色。第八代传承人李玉常老师,创新性地将女性荷花龙加入到现今的表演队伍中,更增添了龙灯扛阁的艺术魅力,女性舞龙表演队在现今的龙灯表演中也属少见。

---

① 徐振华.龙灯扛阁的历史渊源、风格特点及现代传承[J].体育科技,2014,35(1):44-46.
② 曹静.山东临沂民间乐舞艺术的传承及发展研究[D].石家庄:河北师范大学,2015.
③ 陈旭平."龙灯扛阁"的体育文化价值研究[J].现代农村科技,2018(6):80-81.
④ 谢士玺.沂蒙山区民俗体育旅游资源开发策略研究[D].长沙:湖南师范大学,2019.
⑤ 李雪."舞龙""扛阁"之探:浅析临沂民间舞蹈龙灯扛阁的艺术特色[J].戏剧之家,2019(8):96.
⑥ 张岚.从沂蒙地区"龙灯扛阁"舞蹈本体探究其文化内涵[D].西安:陕西师范大学,2011.

据老人讲,以往村里逢年过节都要表演龙灯扛阁,就像过年吃饺子一样天经地义,村里的年轻人耳濡目染,虽没有专门学过龙灯扛阁,但个个能上场表演。但自2005年过年起,龙灯扛阁表演就中断了。龙灯扛阁传承濒危,传承现状不容乐观。针对现状,临沂市、河东区及三庙村都采取了一些保护措施,主要在加强资金投入支持、重视挖掘补救、政策支持、加强宣传等方面进行。河东区政府斥资30万修建了龙灯扛阁展馆,对其加强保护与开发,现已成为河东区重要的旅游景点。

二、健身广场舞类民俗体育项目

(一)临沂市兰陵镇猴呱嗒鞭舞

沂蒙民间、民俗表演项目猴呱嗒鞭舞起源于清道光年间,发源于临沂市苍山县兰陵镇西横沟崖村,是一种老少皆宜的民间舞蹈,迄今已有近200年的历史,是一种将猴戏逗乐和打竹板演唱走场表演结合在一起的乐舞形式,具有浓郁的地方特色,是沂蒙乐舞文化的重要组成部分。[①]

猴呱嗒鞭舞以模拟猴的姿态与舞姿、打着花鞭(花棍)的男性和手握竹板与撒拉机的女性伴舞者穿插逗乐为主。初时猕猴舞的表演形式是模仿猴子的肢体动作,现在猴呱嗒鞭舞的舞蹈部分增多,表演者的人数也渐渐增加。猴呱嗒鞭舞并不是单纯的节奏乐舞,其将很多武术和戏剧元素也融入执鞭人的动作中。[②] 男性打花鞭的表演是猴呱嗒鞭舞的精髓,表演的基本动作为右手执鞭,由8个基本动作连贯起来组成:一打左手腕,二打左肘,三打左肩,四打右肩,五左手下拍棍,六打右脚内侧,七打右脚外侧,八打左脚后跟。女角的动作多是可前后、左右行进的洛子步,配合双手打板。在伴唱中,演唱的曲目多为民间流传的歌曲,如《大踏青》《小踏青》《十二陪送》《绣花灯》等,有地方戏柳琴的韵味。鞭是特制的,里面的竹节全部打通,然后串上铜钱,这样打起来就会发出哗啦哗啦的声响。

历经百年沧桑的猴呱嗒鞭舞是历代劳动人民集体智慧的结晶,与当地群众的生活习惯、风土人情息息相关。猴呱嗒鞭舞具有鲜明的地域特征、独特的艺术风格和审美价值,表演中突出猴的特点,边打边舞、边歌边舞的表现形式,极

---

① 贾瑞学. 沂蒙山区民俗体育的调查研究[D]. 南昌:江西师范大学,2011.
② 谢士玺. 沂蒙山区民俗体育旅游资源开发策略研究[D]. 长沙:湖南师范大学,2019.

富鲁南的乡土气息,且独具风格。男性打花鞭的动作需要有一定的武术功底,因此对于练习者来说具有很好的健身价值,打花鞭时身体灵活、手不离鞭、鞭不离身、上下翻滚,有序地、循环往复地击打自己的身体部位,通过打、跳等动作既可以锻炼表演者的协调性、灵活性,增强跑动能力及肢体力量,又可以陶冶情操,活跃气氛。①

自 20 世纪七八十年代开始,掌握此项技艺的人越来越少,再加上受现代流行舞蹈、音乐的冲击,曾一度使这门独特的民间艺术受到冷落。虽然目前有关部门正在抢救这一艺术形式,但是猴呱嗒鞭舞仍处于濒危的境地。打花棍对于学习者的要求较高,因为有不少颇具难度的动作,学习者需要有一定的武术功底,因此符合学习条件的人并不多。据了解,在发源地西横沟崖,后继乏人的现象较为严重。② 目前,第三代传人已经掌握了打花棍,但掌握的只是比较基本的东西,对于张学法老人在多年表演中积累下来的丰富花样掌握得还很少,而在当时的演出中又没有留下影像资料。现在张学法年纪大了,身体状况不好,几十年来积累的演出体会,也很难完整地传授给后人了。然而,猴呱嗒鞭舞是兰陵镇土生土长的艺术形式,具有旺盛的生命力,适应性强。从往年市、县演出的火爆情况来看,猴呱嗒鞭舞仍具有极强的吸引力、感召力及艺术魅力,良好的传承、发展与开发,对于打造当地文化品牌,发展农村群众文化都具有重要的意义。③

(二) 枣庄市鲁南花棍舞

鲁南花棍舞流传于枣庄市中区永安乡一带,俗称打花棍,以其舞蹈时使用的道具花棍而得名,舞时拍打身体的各个部位,发出"沙沙"的声音,因此又称为沙拉叽子。

鲁南花棍舞起初主要用以击节,兼有打狗棍之用,动作简单,主要是唱歌时拍打身体部位,并伴随着歌唱,发出"沙沙"的声音。后来庙会和玩社时才被民间艺人发展为成套的舞蹈。鲁南花棍舞的基本动作有打肩、打腿、插地、单腿跪、对打、掖步打棍、打脚掌、跳跃打脚 8 个动作。男演员头扎毛巾,身着茶衣,束腰带,脚穿牛鼻子鞋。女演员(多男扮女装)梳长辫,穿紧身印花袄、长裤、绣

---

① 谢士玺.沂蒙山区民俗体育旅游资源开发策略研究[D].长沙:湖南师范大学,2019.
② 任奎菊.临沂市非物质文化遗产产业化研究[D].桂林:广西大学,2013.
③ 张文涛.沂蒙"猴呱嗒鞭舞"的文化解读与挖掘保护[J].搏击·体育论坛,2014,6(4):83-84.

花鞋。[①] 道具为用 1 米长的竹竿制成的花棍,中间嵌入几根铁轴,各穿上三四枚铜钱,棍上印着红白油漆。鲁南花棍舞是一种边歌边舞的形式,没有独立的曲谱,各种民歌均可用来舞蹈。较常用的为《绣花灯》《画扇面》《八仙庆寿》等民歌,伴奏以柳琴和丝竹乐为主,烘托气氛以打击乐器为主。

鲁南花棍舞的风格,如同枣庄人的性格,刚直豪爽。鲁南花棍舞还极具健身价值,它的运动不局限于身体某个部位的活动,是一种全身性的活动。身体的肌肉、关节和韧带都可以得到很好的锻炼。在跳花棍舞时,通过花棍的打、击等来击打肩、腿、脚等身体部位,可增强舞蹈者的肺活量,改善人体的心肺功能和代谢能力,增强人体的灵敏性和协调性,达到强身健脑的功效。鲁南花棍舞作为一项健身娱乐项目,不仅可使当地群众积极参与其中,展现活动的魅力和乐趣,还可以提高群众的团结力和凝聚力。[②]

三、沂蒙山区红色文化及红色体育类民俗体育项目

沂蒙山区红色体育形式多样、特色鲜明、内涵丰富,是由抗战时期沂蒙山区人民支援前线的内容发展而来的。常见的红色体育项目主要有占山头、推独轮车、泗水、卷席、红军扁担、火线鸡毛信、红嫂救伤员、艰苦长征路、英雄炸敌堡、南泥湾丰收等。

(一)推独轮车

抗日战争时期,以前为农民农田劳作服务的独轮车,在确保军民供给方面发挥着重要作用。陈毅将军曾说:"淮海战役的胜利是沂蒙人民用独轮车推出来的。"随着经济的发展,独轮车已渐渐失去了其实用价值。但它并没有退出历史舞台,当地农民在农闲时节或庆丰收之时,常用它来健身或休闲娱乐。通常的比赛方式有爬坡比赛、比速度等,平衡能力是比赛取胜的关键因素。[②]

(二)占山头

随便找个地方,堆个土堆或者堆上麦秸等农作物,并选择 2~3 个人站在上面,一声令下,下面的人群(通常在 8 个人以内)开始冲上"山坡",跑到"山顶",用手把上面的人拉下来,而上面的人则努力阻止其"上山",直到上面的人全部

---

① 周蕊娟.鲁南花棍舞[J].民俗研究,1989(1):80-85.
② 贾瑞学.沂蒙山区民俗体育的调查研究[D].南昌:江西师范大学,2011.

被拉下来,才算胜利,如果"久攻不下",则上面的人为胜。占山头一般为青少年、儿童喜爱的游戏。[①]

(三)泗水

沂蒙山区有沂河、沭河两大河,水资源丰富。沂蒙人擅长水性,泗水是沂蒙山区男女老少都喜欢的一种游泳活动。在岸边,几个人同时下水,憋一口气在水下潜游,谁游的距离远谁就是胜者。还有一种玩法是,将做好标记的大小不同的石头扔到河里,然后几个人快速游到附近地区并潜入水中,谁先摸到石头,谁就赢。在抗战时期,沂蒙人民凭借他们良好的水性为解放军运送军需物资、铺设道路和桥梁,为抗战胜利贡献了老区人民应有的力量。[①]

(四)卷席

卷席是在抗日战争时期诞生的一种军事演习,在沂南地区非常流行。卷席的意思就是把参与者像卷席子一样卷起来。参与者通常为5个人以上,排成一行,先是以排头为中心将队伍像卷席子一样卷起来,然后队尾变成排头,朝相反的方向卷席子。沂蒙山是鲁西南抗日根据地,具有优良的革命传统。抗日战争时期,我军发明了卷席操练项目,以达到御寒及提升士兵身体素质的目的。抗日战争胜利后,卷席在沂蒙山区广为传播,以纪念革命胜利。[②]

不同的红色体育项目具有不同的健身价值,推独轮车能增强腿部肌肉力量;在占山头激烈的推、拉运动中,能锻炼腿部、臂部肌肉力量,增强运动者身体的平衡性及大脑的反应能力;通过卷席运动中身体的碰撞、摩擦来提升机体的肌肉温度,增强机体的御寒能力,提高身体素质;泗水运动能提高呼吸系统功能,提升肺活量,锻炼憋气能力,同时游泳运动能增强机体的肌肉力量,提高运动者的心肺水平。通过开展红色体育类民俗体育活动,可以让我们了解红军为增进健康、锤炼精神所做的工作,激励更多人参加体育活动,让更多人感受到体育运动带来的好处,真正促进全民运动的发展。[③]

---

① 贾瑞学.沂蒙山区民俗体育的调查研究[D].南昌:江西师范大学,2011.
② 谢士玺.沂蒙山区民俗体育旅游资源开发策略研究[D].长沙:湖南师范大学,2019.
③ 吉丽娜.红色体育文化的内涵及价值研究[J].文化创新比较研究,2018,2(11):7-9.

四、原生态娱乐性民俗体育项目的体育价值

鲁南地区原生态娱乐性民俗体育项目十分丰富,且具有浓厚的生活气息,能够展现出沂蒙山区当地的民俗风情。这种娱乐性民俗体育项目,通常以农业生产劳动和民间生活为主线,取材简单、简便易行,不受环境、场地、人数的限制,拥有广泛的群众基础,项目内容简单易行,有利于人民释放压力及愉悦身心。鲁南地区原生态娱乐性民俗体育项目主要有荡秋千、抓石子、拉门、跳皮筋、跳房、跳竹竿、跳绳、打弹弓、打元宝、打蹦、打瓦、打泥猴、打陀螺、打水漂、打拐、放风筝、登高、踏青、踢毽子、滚铁环、编花篮、拔河、骑马打仗、拔腰、爬杆、摞高台等,多为儿童、少年喜爱的运动项目。

跳绳、跳房、跳皮筋、跳竹竿等弹跳类运动项目主要锻炼运动者的下肢肌肉力量、弹跳力及全身关节、韧带的灵活性和动作的协调能力,对速度的提高等都有积极的促进作用,同时对改善心肌、呼吸系统,促进机体血液循环和新陈代谢都有帮助。打拐(斗鸡)运动的对抗性很强,能充分锻炼参与者的平衡能力和耐力,不仅能够增强腿部肌肉的支撑力量、平衡性、灵活性、爆发力等,增强髋关节、膝关节、踝关节的灵活性,还能增强心肺功能,对提高运动者的身体素质有一定的价值,也可以培养孩子顽强的精神。拔河、拔腰等通过双方身体肌肉对抗性的离心运动,促进其肌肉力量的发展。打蹦(又称打瓦、打嘎儿)动作较为简单,但对力量与技巧有要求,还需要手、眼的协调配合,因此,经常参与打蹦活动,不仅可以增强肢体力量,提高身体的灵敏性和协调性,还能培养敏锐的观察力和良好的知觉。[1] 打陀螺、滚铁环、打水漂、打元宝等项目需要一定的技术,不仅能很好地锻炼臂力和身体,还可以增进友谊和培养团队合作精神。放风筝、踏青、登高需要充沛的体力,因此对增进人体内脏器官功能,提高四肢活动能力均有积极作用,因此能达到活动筋骨、增强体质的效果,同时在大自然中运动让人心旷神怡,能起到很好的陶冶性情、调节心情的作用。踢毽子按基本动作分类,可分为蹦(脚尖踢)、盘(脚内侧平踢)、拐(脚外侧踢)和磕(膝盖踢)4类,比赛或表演形式可分为单人、双人、多人等多种形式,踢毽子是身体下肢做接、落、跳、绕、踢等动作来完成各种花样,但也需要腰部动作来配合以扩大下肢的活动幅度,因此需要有较强的连贯性、控制力和判断力,不仅对增强下肢肌

---

[1] 谢士玺. 沂蒙山区民俗体育旅游资源开发策略研究[D]. 长沙:湖南师范大学,2019.

肉、韧带具有良好的效果,而且对增进和提高柔韧性、灵巧性、反应力、协调力、速度等都有积极作用。抓石子通常以小石头作为子,在桌子或地面以抛子、接子、拼子和抓子为戏,能活动上肢,锻炼手指灵活性和眼手协调能力。骑马打仗不需要特定的场地和特殊的设备和衣服,其竞赛形式主要分为两类:第一种是由两人组成的单骑,第二种是由3人、4人、5人组成的组合骑马,这两种形式都可以两组对抗,也可以多组对抗。定期参加此项比赛,不仅可以提高肢体力量、身体的对抗能力及身体的协调性,还可以增强参与者的团队合作精神,提高其快速反应的能力,由于骑马打仗项目具有体育、美育、竞技等特点,且极具观赏性,特别受青少年欢迎。[①]

民俗体育,一方面民俗具有娱乐性,另一方面体育具有健身性。因此,积极开展民俗体育活动,可以提高人们的精神生活水平和健康水平。民俗体育的娱乐化使这些民俗体育能够被人们传承,如捉迷藏、踢毽子、跳房、抓石子、放风筝等,这些休闲运动能够娱乐身心,深受孩子们的喜爱。从本质上讲,这类民俗体育活动就是一种游戏,更能凸显其娱乐性。

[①] 谢士玺.沂蒙山区民俗体育旅游资源开发策略研究[D].长沙:湖南师范大学,2019.

第三章 山东省民俗体育文化传承、保护及开发

第一节 山东省民俗体育文化传承和发展的不足及解决策略

一、山东省民俗体育文化传承和发展面临的问题

1. 村民对民俗体育的认知差异

人们的思想、兴趣、风俗习惯等因其所在地区的地理和民族背景不同而有很大的差异。许多人对民俗体育的起源及其文化内涵及价值认识不深,因此,以生产劳动为基础的民俗体育文化没有得到应有的重视。此外,在现今条件下,农村地区需要有健全的体育管理机构,而当地市、镇、村等文化机构在组织和开展民俗体育活动方面缺乏足够的经验,同样,当地也非常缺乏地方体育管理机构、基层体育主管人员和专业人员。国家的体育运动政策法规等也尚未在农村基层广泛推广,农村地区居民的体育健身意识及良好的体育观、健康观等都应得到切实有效的引导与加强。①

2. 民俗体育活动形式较少,群众参与性减弱

观赏性和趣味性是民俗体育活动最显著的特点,但体育活动的观赏性和趣味性的体现,必须依靠体育比赛和体育表演来呈现。现今人们的生活方式和生活习惯与以往有很大差别,再加上有些地域当地的民俗体育活动并不那么丰富,因此很难有效地组织、举办并推进民俗体育活动的比赛及表演,导致民众对

---

① 李国印. 我国地方民俗体育文化的传承弘扬与保护[J]. 地方文化研究,2019(6):96-102.

民俗体育活动的参与度和体验度极其不足。① 由于地域差异,跨地域的居民难以参与到当地的民俗体育活动中,此外,民俗体育比赛中的同质化也是影响比赛的重要方面。由于人们生活水平的不断提高,生活在现代信息化中的人们,享受着电子产品带来的丰富多彩的娱乐方式,对现代形式的休闲娱乐更有倾向性,因此也大大减少了其对民俗体育的参与度,使民众对民俗体育重要性的认识不足。②

3. 不合理的资源配置使得民俗体育经费投入与基建不足

目前,我国正在进行城乡发展结构调整,城市发展建设获得了更多的资源投入,更多的资金投入到高产出的项目中,导致乡村发展资金存在不足,低绩效的民俗体育设施投资更少,政府对其发展给予的关注也少。此外,受西方体育文化的影响,民俗体育的生存空间进一步缩小,人们对民俗体育文化的兴趣不高,对其文化了解得少,这也是导致资源和资金投入少的重要原因,从而影响民俗体育文化的发展,③进而导致人们对民俗体育活动的参与不足,基础设施不足。此外,即使民俗体育的发展对基础设施和环境的要求不高,但也得具备最基本且必要的环境和条件。从目前的基础设施来看,其仅能支持简单的民俗体育活动,而高风险的民俗体育活动(如踩高跷等)则由于缺乏安全措施和其他保障,很难开展起来。

4. 西方体育的强势入侵,使得民俗体育的发展式微

在西方体育文化的压制下,民俗体育的发展式微,民众认同感逐步缺失。从外部环境来看,西方体育的大量入侵,逐渐缩小了民俗体育的发展空间;从民俗体育自身来看,其内容陈旧,缺乏创新,其现代化进程明显跟不上社会的现代化进程。再者,大量外来文化的入侵和现代化文化的渗透对本土文化产生了极大的影响。民俗体育文化是在人们劳作的过程中产生的,现代体育文化正充分渗透到人们的生活和视野中,在现代体育文化的影响下,民俗体育文化的内涵和内容显得极其苍白无力。如今,现代体育活动甚至已经取代了民俗体育,成为人们休闲娱乐的主要形式。

校园作为文化交流的重要基地,田径、体操和篮球等西方体育项目几乎占据了学校体育教育内容的整个"世界",而民俗体育在许多大学、中小学中非常少见。如果学生不能在学校进行这些民俗体育活动,那么民俗体育文化的传承

---

① 邓艺华,李国印. 我国民俗体育文化的传承发展与保护[J]. 文体用品与科技,2019(17):121-122.
② 耿铭阁. 我国民俗体育传承研究述评[J]. 福建体育科技,2017,36(6):14-17.
③ 张艳,张建. 民间民俗体育文化的生态保护分析与传承探讨[J]. 长春大学学报,2017,27(10):65-68.

将失去继续传递给下一代的重要基础。在中国,一些民俗体育活动(如舞龙、舞狮等)都与民间特定的民俗节日相关联。现今,西方节日文化的盛行挤占了人们对中国传统民间节日的热情,并在此基础上间接地影响了民俗体育活动的参与与传承。① 学校的现代体育活动忽视了民俗体育,极大地影响了民俗体育文化的传播。由此看来,民俗体育文化与现代体育文化的协调与发展,还有很长的路要走。

5. 现代农村地区的发展导致当地民俗体育生存载体急速消失

民俗体育是植根于中国广大农村相对封闭的地域文化环境中的乡土艺术,其生存和发展离不开其诞生地的自然环境、文化、经济和社会政策。② 近年来,随着农村经济和城市化进程的快速发展,地方政府没有发挥好保护民俗体育这一重要的历史财富的职责,甚至对庙会、祠堂和古老的排练场所等具有民俗体育历史背景的建筑进行野蛮拆除。由于大量农民进城务工,虽然在尚未城市化的农村地区,但也离开了生养他们的土地,因此,民俗体育赖以生存、依靠农业生产劳动发展起来的培育土壤已经加速消失,导致人们对民俗体育缺乏情感,认识不到民俗体育的本质,民俗体育逐渐丧失其群众基础,导致其传承与发展受阻。③

6. 地方行政部门职责缺失,不注重保护其传承的文化脉络

由于文化保护投入远远高于文化产出,地方政府在文化保护方面做的工作往往不到位。我国大多数地区的民俗体育从以往的高度繁荣,发展到现今备受冷落的尴尬局面,与地方文化部门和其他行政部门对民俗体育文化保护欠缺及其情感教育的责任缺失密切相关,忽略了对文化遗产与文化背景的大力保护。有些区域甚至十几年、几十年来没有政府方面的民俗体育宣传、教育、表演等活动,特别是现在的孩子,不仅对民俗体育毫无印象,甚至还会觉得庙会上的民俗体育表演非常滑稽可笑。除了继承人的家族成员之外,几乎没有社会参与者,年轻民众根本看不懂,也理解不了民俗体育的内涵。因此,当地民俗体育的衰败与萧条主要归咎于其文化背景的断层传承。

7. 传统的传承模式导致传承断代,部分民俗体育项目濒临灭绝

传承人中断是所有民俗体育生存困境中最为可怕的一面,这将对民俗体育的发展产生致命一击。由于民俗体育特殊的历史及文化属性,传承人需要经历

---

① 耿铭阁.我国民俗体育传承研究述评[J].福建体育科技,2017,36(6):14-17.
② 李国印.我国地方民俗体育文化的传承弘扬与保护[J].地方文化研究,2019(6):96-102.
③ 郭大勇.地方民俗体育的传承与保护可行性模式探究[J].运动,2017(6):140-141.

几十年的训练,需要多年的文化渗透和高度的心灵虔诚才能准确地把握项目的精髓并将其发扬光大,这是短期培训或外来人员无法达成的结果。然而,与其他艺术形式相比,由于它的产生和发展在很大程度上依赖于当地的传统、习俗和文化,因此,中国地方民俗体育的传承是高度封闭的。[①] 此外,家族式和学徒式的传承形式将不可避免地导致继承人的数量越来越少。一般来说,一项民俗体育活动几代单传的现象也是很常见的。如果老一辈的艺人年龄增大,又没有适时地将其所学技艺传承给下一代,或年轻一代学不好或不愿意学,就很容易导致技艺的失传。

如今,杰出的民俗体育项目的继承人和表演者都面临着老龄化的问题。民俗舞蹈表演中的锣鼓伴奏振奋人心,秧歌和武术也非常消耗体力,这就要求表演者具备良好的身体素质。以秧歌为例,其表演存在一些问题:秧歌队中舞技好的艺人数量少且年龄大;大多数年轻人只在春节回家后才能接受短期的秧歌培训;学生对秧歌的学习很浅显,大部分时间和精力还是放在其他文化课的学习上。此外,大部分高校培育的多是竞技体育人才,很少有民俗体育专业人才,[②]这也影响了民俗体育的后续开展与传承,加速了传承人断代的问题。[③] 所以,尽管很多年轻人都会跳秧歌,但却舞艺不精,甚至对其不感兴趣。老人年龄大了跳不了秧歌,年轻人跳不好秧歌,这已成为山东秧歌传承中普遍存在的问题。因此,为了挽救民俗体育的生命,还需要付出更多的努力来培育继承人。

二、山东省民俗体育文化的传承与保护可行性模式探究

依托高水平技艺和技能的民俗体育,以口传身授的方式传承其特有的民俗特色文化,民俗体育文化保护的重点及核心是其文化的传承[④,⑤],民俗体育文化保护的关键所在是传承人[⑥],因此,如何更好地传承成为民俗体育研究的重点。许多研究对传承的形式、传承人、传承管理等提出了不同的看法。研究指

[①] 郭大勇.地方民俗体育的传承与保护可行性模式探究[J].运动,2017(6):140-141.
[②] 耿铭阁.我国民俗体育传承研究述评[J].福建体育科技,2017,36(6):14-17.
[③] 顾红红.璀璨的民间舞蹈再现光彩:关于"'阳信鼓子秧歌'生存现状"的调查报告[J].人文天下,2016(5):65-68.
[④] 国伟,田维华.贵州少数民族传统体育的传承和发展[J].体育学刊,2009,16(9):99-101.
[⑤] 李国印.我国地方民俗体育文化的传承弘扬与保护[J].地方文化研究,2019(6):96-102.
[⑥] 白晋湘.非物质文化遗产与我国传统体育文化保护[J].体育科学,2008,28(1):13-17.

出,传承的形式主要有精英传承、社会实践、民族传统体育比赛、宗教活动[①]。王海等人认为,最有效的传承方式是通过竞赛、旅游和教育来完成的[②]。由于传统的体育和非物质文化遗产常常需要长期身传口授、身体示范教学才能让继承人熟练习得技能。因此,民俗体育文化的传承还应以师徒式的精英传承为主,以学校教育传承为辅,社会传承为有力补充,当然,在研究中也要考虑到文化遗产的个体差异。

（一）扩大群众基础,构建有效的民众参与体验模式

艺术形式的迅速发展和传承,离不开一定的群众基础。失去群众基础的艺术注定要失败,尤其是对极富地域性及个性化的人文文化中传统内容的认同更是如此。文化认同根本不是让人们一股脑地接受古代民俗体育所蕴含的看似难以理解的文化内涵。近20年来,随着农村经济的发展和新的理念的形成,民俗体育的表演已经很少了,大众表现出了对民俗体育的漠视。对于如今的农民来说,他们基本上对民俗体育项目没有任何感觉,更不用说有感情了。因此,如果我们想让地方民俗体育重新充满活力,就必须让村民积极参与进来,扩大群众基础,维护民俗体育赖以生存的根基;结合新时代的发展,在原有的基础上整合内容,以多种形式呈现民俗体育的内涵,并构建有效的民众参与民俗体育的途径。地方政府应充分发挥其行政权力,充分利用各方社会力量,通过举办大型庆典、大型民族会议及商务会议,通过文化旅游及其他各种文化活动,提高民俗体育在多方面的曝光率,积极吸引民众参与,从而扩大民俗体育传承与发展的群众基础。[③]

（二）发挥"三位一体"传承模式,有效解决传承人代际分化问题

任何国家和文化遗产的传承和发展都需要多方面的努力。鉴于民俗体育的生存处境艰难,应呼吁有关行政部门,加快落实、发挥领导能力,积极寻求发展新路径,充分发挥地方政府、文化部门和民俗体育传承家庭的各自作用,实施文、教、体"三位一体"的传承模式。

---

① 翟金英.少数民族传统体育文化的传承发展研究:以黑龙江省为例[J].黑龙江民族丛刊,2010(3):168-171.
② 王海,邓永汉.贵州省少数民族体育非物质文化遗产研究:以赤水独竹漂为例[J].贵州民族研究,2011,32(2):62-64.
③ 郭大勇.地方民俗体育的传承与保护可行性模式探究[J].运动,2017(6):140-141.

1. 利用多种渠道宣传民俗体育文化

为了更有效地保护和传承民俗体育文化,有必要在不同的场合通过各种渠道宣传民俗体育文化,提高公众对民俗体育文化的认识。文化部门要充分调动各种宣传力量普及民俗体育文化,更积极、更有效地诠释、宣扬民俗体育文化的内涵,如央视《舌尖上的中国》让世界了解了中华美食,电影《百鸟朝凤》让世界感受到了唢呐的震撼,这些经验都可用于我国地方民俗体育的保护与传承工作中。[①] 民俗体育文化的有关活动也可以与当地旅游业相结合,这不仅有助于促进民俗体育文化的发展与传承,而且有助于当地经济的发展。例如,可以利用山东省潍坊风筝节、泰山国际登山节等活动来传承民俗体育文化,不仅可以选择传统媒体,还可利用网络、自媒体等宣传手段。此外,还可以以网络形式开展一系列民俗体育活动,使更多的人能够切实地参与其中,可在一定程度上提高民众对民俗体育文化的认识,从而有助于保护和传承民俗体育文化。[②]

2. 通过教育引导民俗体育文化的生态保护与传承

学校教育历来是传承和保护中华优秀传统文化的重要途径。当地文化部门与教育部门要密切联系,保障民俗体育进入校园的学校课程及课外活动,培育学生的民俗体育意识及情感。因此,在挖掘和保护民俗体育方面,学校体育具备终身教育的优势及时间优势,可以弥补社会传承的机械性和耗散性的缺陷,从而促进民俗体育的规范化、科学化发展。在学校教育中,要将民俗体育文化的相关知识引入课堂,并应能结合民俗体育文化的相关知识开设相应的课程,使学生在学习中获得对民族文化的自豪感,增加学生对民俗体育文化的兴趣,引导学生积极参与到民俗体育活动中,促进学生的身心健康。[③] 抖空竹、花样跳绳、太极等民俗体育活动都可引进课堂,让在学校开设民俗体育文化课程变成一件非常流行和时髦的事情,这样可以更好地促进民俗体育文化的保护和传承。[④] 在学校教育中,可以利用俱乐部和协会开展丰富多彩的民俗体育活动,调动学生的积极性,提高学生的参与度。我们还可以改革传统的学校运动会,加深学生对民俗体育的重要性的认识,有针对性地组织学生进行训练,通过比赛赢得荣誉,鼓励学生接触、了解、深入学习和研究民俗体育活动,感受其活动的魅力,自觉地成为民俗体育文化的继承者和保护者,成为民俗体育文化的

---

① 桑全喜.我国民俗体育的生存与发展对策[J].吉林体育学院学报,2008(3):134-136.
② 李国印.我国地方民俗体育文化的传承弘扬与保护[J].地方文化研究,2019(6):96-102.
③ 马梁,黎丹.浅谈民俗体育文化的传承与保护[J].中国校外教育,2018(36):11-12.
④ 张艳,张建.民间民俗体育文化的生态保护分析与传承探讨[J].长春大学学报,2017,27(10):65-68.

接班人。[①]

3. 转变传承观念，壮大传承人队伍

依据传承主体，宏观上将民俗体育传承划分为自然传承、社会传承和国家传承3种模式。其中，自然传承模式由有技艺的师傅传授，是最为古老的传承方式，包括师徒传承、家族传承、群众传承等。民俗体育的传承人要转变传承观念，多借助其他社会力量，充分挖掘民俗体育的内涵和内容，提高其群众参与度和欣赏度，做好社会人士加入继承人队伍的准备，加强传承人的教育培养，有效解决传承人的代际分化问题。在社会传承模式中社会组织发挥着重要的作用。社会传承模式主要依靠民间组织和社会盈利机构来促进民俗体育的发展，其促进发展的途径可以多种多样，如可以通过全国各地自发的民俗比赛、娱乐活动（如传统节假日期间的龙舟赛、舞龙、舞狮、踏青等），或通过参加电视节目（如《春节联欢晚会》《星光大道》等），抑或通过民俗体育活动（如荡秋千、打陀螺、踢毽子、放风筝等）进入到民众的日常生活中。国家传承模式主要以国家力量进行推广传承，包括制定相应的保护策略、列为非遗项目、建立博物馆、纳入学校体育项目、组织比赛等。[②]

4. 合理开发促进民俗体育文化的生态保护与传承

强调对民俗体育文化的保护和传承，并不是要保持其原貌不被破坏，而是要在合理发展的基础上达到动态的保护与传承。因此，在保护和传承民俗体育文化的基础上，要结合当地旅游的特点，有规划、有目标地对当地的民俗体育项目进行合理开发，充分发挥当地旅游资源的优势，并恰如其分地与民俗体育文化结合起来，实现民俗体育文化资源的动态开发，从而提高对民俗体育文化的理解深度，并能更好地促进地方经济的发展，充分发挥民俗体育文化的价值。[②]

---

① 马梁，黎丹. 浅谈民俗体育文化的传承与保护[J]. 中国校外教育，2018(36)：11-12.
② 耿铭阁. 我国民俗体育传承研究述评[J]. 福建体育科技，2017，36(6)：14-17.

第二节 山东省民俗体育文化开发存在的问题及开发策略

一、山东省民俗体育文化开发存在的问题

(一) 政府的工作力度有待提升

通过对山东省民俗体育文化现状的调查,和对部分民俗体育爱好者的走访调研得知,目前政府还是比较注重竞技体育的发展的,在保护和发展民俗体育文化方面工作力度还不够。例如,没有制定明确各方责任的政策法规,没有制定相应的保护策略,也鲜有针对民俗体育保护和开发提供的财力和人力。[①,②]

(二) 科研工作有待加强

分析目前山东省民俗体育文化的科研现状,理论研究较多,应用性研究较少;民俗体育文化研究机构、高校研究者较多,地方和基层研究者较少。这导致我们对民俗体育文化的研究,停留在资料查询阶段,缺少实践的支持,不能切实深入到民俗体育文化产生与发展的真实环境中,没有更好地调研其文化存在的真实环境,导致部分民俗体育项目已被人们遗忘。[③]

(三) 民俗体育生存与发展的环境保护较为薄弱

民俗体育的发展要依附于其独特的地理环境,如龙舟竞赛的发展必须在有河流的地方进行。还要与生产生活方式、宗教信仰和价值观等有效结合才能促进其长足发展。山东省的地理环境复杂、多样,决定了其民俗体育文化也具有鲜明的地域性及多样性。然而,随着社会时代的变化,人们的生活节奏加快,交通环境不断变化,致使民俗文化和民俗体育的生存环境发生了一些变化。近

---

① 张国栋,刘坚,李运,等.我国民俗体育发展现状及对策研究[J].西安体育学院学报,2008(1):4-7.
② 王超.浅论山东省民俗体育文化开发策略[J].新西部(理论版),2013(7):17,36.
③ 王铁新,常乃军.我国民俗体育研究综述[J].体育文化导刊,2009(10):133-139.

年,随着山东省经济的高速发展、城市化进程的加快以及社会基础设施的逐渐完善,民俗体育项目的地位也在逐步被新生事物所取代。现在的年轻人钟情于在体育场馆、公共健身房、游泳池等进行现代体育项目的锻炼,甚至有些人只喜欢上网,民俗体育项目则被人们遗忘。①

(四)民俗体育原生态保护不利

从传统上讲,人们为了追求身心愉悦、身体健康而热衷于民俗体育活动。而随着市场经济的发展,我国的一些民俗体育逐渐被商业化,民俗体育变成了部分人获利的工具。在一些旅游景点表演改编了的、为博众人眼球的与原本的民俗体育大相径庭的民俗体育项目,甚至有些人试图改变和强加当地不存在的民俗文化,对民俗体育文化恶意篡改、生拉硬套,制造一些伪民俗,进而导致当地优秀的民俗体育活动传承与发展变形,丧失其文化吸引力,面临衰败的局面。这种自私自利、低成本的民俗体育变革,对整个体育文化及民俗体育文化的生态平衡和可持续发展产生了极为不利的影响。②

在当今社会中,民俗体育项目逐渐向舞台化、程式化、现代化靠拢已成为一种普遍现象,大多的传承者忽视了其本身的原汁原味。有的艺人所保有的传承项目被指定为文化遗产后,该艺人也许是觉得自己所保存的传承项目形态略显简单,于是就添加了很多新编动作,从而丧失了其应有的保护意义。也有些民俗体育项目为了适应舞台表演、汇演与比赛活动中对统一的程序的要求,或者为了功利性的商业表演等,致使民俗体育项目程序简化,不能原生态传承。例如,在当今社会文化体系中,乡俗礼仪是山东秧歌最本真、最具独特生命力的意蕴,也正变得越来越淡化、稀薄,其表演程序与仪式也越来越不严谨,秧歌仪式本身所传递的隆重、庄严的氛围也逐渐淡化。更有甚者,在近年来的一些秧歌表演中直接将复杂的仪式程序删除,并以其刻意的表演性取代秧歌固有的自娱性及原始的民俗意韵。山东秧歌从自娱性到表演性的变迁,③从某种角度上说是一种经济利益与原始生命情韵的直接交换过程。由此,众多民俗体育项目的活态性和动态性的原生态保护是一个关键性的问题。

---

① 王超.浅论山东省民俗体育文化开发策略[J].新西部(理论版),2013(7):17,36.
② 邓艺华,李国印.我国民俗体育文化的传承发展与保护[J].文体用品与科技,2019(17):121-122.
③ 朱济光.论山东三大秧歌在当代的新视野[D].济南:山东师范大学,2012.

（五）从业人员专业化程度不高

目前大多数民俗体育项目并没有专业人员，它们的传承人大多是本家族内有血缘关系的人，参与者也大多是普通群众，这也是使其具有良好的群众基础的重要方面。然而，随着现代化社会的不断推进，社会分工越来越细，现今泛而不精的参与方式，使民俗体育项目的发展与传承出现了瓶颈，也遭遇了前所未有的困难。民间艺人在民俗体育项目的宣传推广和题材创新中，已经越来越感到力不从心、无能为力。在专业院团垄断主流演出市场的今天，只有加强民俗体育项目从业人员的专业化，才能让民俗体育实现其传播与表演上的现代化、舞台化的转变，显然从业人员专业化已经成为了一项迫切的任务。[①]

二、山东省民俗体育文化的开发策略

（一）增强政府主导力度，坚持走政府引导保护的发展道路

政府作为民俗体育文化保护、资源开发的主体，其主导作用是至关重要的。因此，我们必须认清现状，加强政府领导的支持力度，加大宣传力度，必要时通过政府的行政干预来强化政府在民俗体育文化发展与开发中的保障作用。政府的政策导向和新闻媒体的舆论宣传是民俗体育可持续发展的根本保证，要充分利用现代传媒工具的优势进行宣传，营造良好的民俗体育文化环境[②]。通过政府有效的宣传，可以提高大众对民俗体育文化价值和重要性的认识，扩大其社会参与度。通过制定相应的保护机制、完善其发展过程中的各项保护政策、加强技术支持和宣传指导、筹建科研团队，改善其生存与发展的基本环境。积极主动地把群众体育活动和民俗体育文化传播纳入全民健身战略，充分利用民俗体育和农村文化资源，开展具有农村环境和地域特色的民俗体育活动、表演和比赛，润物细无声地引导农村居民进行体育锻炼，并通过认真观察、调研大众的体育参与与建设需求，开展有特色的、深受人们喜爱的民俗体育活动。[③]

---

① 王超.浅论山东省民俗体育文化开发策略[J].新西部(理论版),2013(7):17,36.
② 赖学鸿.河南非物质体育文化遗产传承利用思考[J].体育文化导刊,2010(9):132-135.
③ 李国印.我国地方民俗体育文化的传承弘扬与保护[J].地方文化研究,2019(6):96-102.

(二) 重视和加强民俗体育的科研工作

科研可以促进发展,目前民俗体育的科研也存在极大的问题。要想促进民俗体育文化的发展,我们应加强教育和培训民俗体育专业的科研人员,鼓励他们深入到民俗体育的诞生地及传承区域,从实际和实践出发,做好民俗体育的文化内涵及实践应用方面的科研工作。同时,要加强基础科研人员的培育,对其取得的成果给予一定的奖励,在政策、人力、财力、物力等方面给予倾斜,成立专门的民俗体育研究工作组,设置专项资金,制定有效的目标与方案,对民俗体育文化进行创新和应用方面的深入研究,让更多的体育研究人员积极地参与到民俗体育的发展工作中去。①

(三) 提高民众自觉传承意识,改善民俗体育发展环境

风俗是人们的习俗和传统,它在人们的日常生活中产生、发展、变化和消失,反映了人们的生活、行为和思维方式。因此,人们的日常生活是民俗文化生存和发展的沃土。因此,加强当地居民的民族意识,提高他们对民俗体育的自觉传承的意识,并在传承中不断创新,永远保持民俗体育旺盛的生命力,是保护民俗体育、保持其可持续发展的关键措施。②

(四) 鼓励和引导民俗体育良性发展,在尽可能地保持原生态传承下,与时俱进,改革创新

随着社会的发展,自然生态环境的改变,以及经济发展和城市化进程的推进,民俗体育文化不免发生一些变化。政府部门在其发展变化的过程中要掌好舵,通过政策的引导与宏观调控,在满足人们的体育需求和适应人们需要的发展基础上,促使民俗体育向良性方向发展。③

民俗体育可以分为两种:一种是原生态的民俗体育,另一种是原生态与现代相结合的民俗体育。当然,最重要的还是保护原生态的民俗体育,只有保存最原始的特色,才能对民俗体育进行后续的深入发掘和研究,才能发扬光大民俗体育的文化精髓。首先,原生态是指按照古老的模式、套路继承,没有任何创

---

① 林顺治.从体育强国视角论中国民俗体育文化的发展[J].山东体育学院学报,2010,26(3):28-33.
② 张玉强,陈有忠.我国传统体育类非物质文化遗产保护研究述评[J].河北体育学院学报,2012,26(5):86-90.
③ 桑全喜.我国民俗体育的生存与发展对策[J].吉林体育学院学报,2008(3):134-136.

新和变化,不能改变原来的形态,包括舞蹈动作、服装道具、队形人数、人物特点等各个方面,并将这一优秀的文化艺术原汁原味地传递给后代。① 如果原生态的民俗体育被人为地加工或改变了的话,其历史文化价值就会丧失,也就失去了保护的意义。其次,原生态与现代相结合,使之与现代社会接轨,符合现代社会的审美标准,将现代文化元素融入体育原有的生态民俗文化中,将古老的精髓与现代的特色相结合,创编具有现代特色的民俗体育项目,为民俗体育的发展注入新活力。例如,在山东三大秧歌的创作中,在保持原有的旋律、节奏、特有的属性及文化内涵的基础上,面对不同年龄、不同地域、不同审美的观众,在深刻体悟山东三大秧歌的民族文化、宗教信仰的基础上,对其进行适当的改编、加工,使其有了新的生命力,折射出与原生态山东秧歌不同的时代气息,还能更加符合现代人的审美观。真正落实了民间舞蹈"从民间来到民间去"的艺术创作理念,促使了三大秧歌的多元化转变,使其舞蹈形态从原生态或半原生态向多元化演变,既顺应了现代的审美意向,又保持了秧歌的乡俗意蕴,还符合传统民间舞蹈的审美情趣。②

民俗体育的原生态保护可采取如下措施:第一,原生态保护的重点保护对象是老艺人。政府可以通过录音、录像等现代化手段,把老艺人的表演完整地记录下来。需要创新时,则由老艺人和相关专家在保持民俗体育活动原汁原味的基础上,对民俗体育项目进行适当的创新来进行传承和保护。第二,政府出资建设民俗体育博物馆和档案馆,通过对民俗体育项目进行实地调查,通过搜集、整理、记录、编目等方式建立完整的档案,利用录音、录像等现代化手段记录、保存其完整的原始风貌。同时,也要保存好古老的艺术物品,通过展览加深民众对原生态民俗体育的了解。第三,将民俗体育项目与其所在地固有的、优秀的、有特色的旅游资源相结合,开发原生态旅游业,建设民俗体育文化生态村,更多地还原和展现其原有的风貌。①第四,做好对民俗体育依托的环境及传承客体的保护,建立联合保护机制。各地可以根据民俗体育赖以生存和发展的当地节日民俗,设立一些民俗节日,使一些已失去生存环境的民俗体育在其原有的生存环境中存活。这样就使得民俗体育文化在人为营造的空间中代代相传。

如果原生态民俗体育依托于特定的民俗仪式,那么就要对民俗仪式加以保护,将民俗体育与民俗仪式结合起来保护,因为民俗体育离开了民俗仪式将失

---

① 王珍.武秧歌:山东阳信鼓子秧歌之探究[D].西安:陕西师范大学,2013.
② 朱济光.论山东三大秧歌在当代的新视野[D].济南:山东师范大学,2012.

去其本身的文化意义。综合性的非物质文化遗产的传承,需要凭借广阔的文化空间,而文化则需要借助于群体进行传承与发展。例如,海阳大秧歌与海阳祭海,海阳大秧歌是海阳祭海必不可少的组成部分,同为非物质文化遗产的海阳大秧歌与海阳祭海,如果建立起非物质文化遗产联合保护机制,那么将更有利于海阳大秧歌的传承与保护。

(五)政府主导下的产业化开发

民俗体育文化的保护与传承在现代社会中走经济化、产业化之路是一个很重要的趋势性抉择,但过度产业化又是一个不可避免的问题,如文化旅游业的发展在促进民族传统文化的发展与传承的同时,也减弱或破坏了其内在的传统性、文化性,要解决这一问题,政府的主导性起着至关重要的作用,政府主导下的产业化开发将更有利于山东民俗体育的保护与传承。[①]

依托山东省丰富的传统文化资源,深挖现有的民俗体育文化、民俗节庆文化、圣人文化、运河黄河文化等,推进民俗体育文化的产业化发展和保护。挖掘和准确把握民俗体育活动以及民俗体育文化的产业增长点,将民俗体育文化与产业发展有机结合,追寻民俗体育文化的特色发展,促进民俗体育文化产业的长效发展。在民俗体育文化旅游业开发方面应注重以下几点:

1. 保持民俗体育文化的多样性和差异化,满足不同人群的文化需求

民俗体育文化受到旅游者和消费者喜爱的一个主要原因是地区之间民俗体育文化的差异性和形式的多样性。文化差异可以使民俗体育文化在消费者和旅游者的心目中保持旺盛的生命力和持久的魅力,从而能够满足各类群体的需要。近年来,群众对身心健康越来越重视,越来越多的消费者逐步认识到民俗体育文化的差异性和多样性的价值。正是因为民俗体育文化具有差异性和多样性,所以才能满足消费者娱乐身心、休养生息、发展技能、发展自我、超越极限等不同层次的健身需求。

2. 强化参与性,在保持原生态的前提下,简化各种不必要的形式

旅游地给游客和消费者留下最深印象的往往是那些体验性强的项目,民俗体育是人们在长期劳作及民俗活动中形成的一种体育活动,这种体育活动的一个显著特点就是参与性强。但由于民俗体育活动具有节日特征,往往需要在特定的时间和场合才能够表现出来,因此从日常健身的角度来看,传统的民俗体

---

① 王彦奇.海阳秧歌的体育文化价值和传承研究[D].济南:山东体育学院,2013.

育活动难以满足不同群体的实际需求,为此就需要进一步简化各种组织形式,使民俗体育活动不受时间和地点的限制,确保每一个消费者、旅游者都能够参与其中。从组织形式方面来说,可以将过去多人参与的民俗体育活动改变为少数人参与的活动,同时还可以保持传统民俗体育组织形式和参与人数不受限制的特点,根据不同的参与人数设定不同的参加规则,在日常活动过程中方便、灵活地开展。在这种转变过程中,就需要当地文化部门强化资源配置,在器材、场地、服装等方面都要进行调整。由于民俗体育活动中的某些器材、场地、服装寄托了民族的精神信仰,既能宣传节日氛围,又有利于制造特殊的情境,因此在对这些因素进行改造时,既要考虑到参与者的情绪,又要考虑到简便、安全、实用。为了保证民俗体育文化的原生态,在旅游地可以安排民俗体育活动表演,让游客身临其境地感受民俗体育文化及当地的民俗礼仪。

(六)坚持走学校体育课堂教学路线,培育优秀的民俗体育文化接班人

国家与国家间的竞争实质上就是人才的竞争,社会的发展离不开人才的支持,因此,民俗体育的发展亦离不开优秀的继承人,山东的民俗体育文化的传承与发展需要一大批优秀的专业人才。[1] 学校无疑是文化传承与发展的最佳阵地,因此,把民俗体育纳入学校的教育体系中,引导民俗体育走进学校的体育课堂,培养学生的民俗体育文化意识,为民俗体育的未来发展奠定基础。民俗体育从民间走进课堂,从传承人、艺人转向学生,充分发挥了其健身、娱乐、审美的多种作用,这将是继承和发扬民俗体育文化的重要举措,不仅有利于传承人的培养,也能增强民俗体育的文化自信。[2] 因此,应进一步推进学校体育改革,重建体育内容体系,结合不同阶段学生的体育需求和兴趣,选择适宜的集健身、娱乐、趣味于一体的民俗体育活动,在校园内传播民俗体育文化知识,充分发挥高校和科研院所的人才培育功能,加强对民俗体育师资和接班人的培养。[3]

目前,大多数民俗体育的传承人只有1~2位,不能充分发挥各地域领头人的作用,对于一些集体性特别强的民俗体育项目(如秧歌),可以选择各地域表演中的佼佼者申报多个传承人。另外,可以培养各地有兴趣和有能力的年轻人

---

[1] 林甲换.民俗体育保护传承研究:以"奉化布龙"为例[J].体育科技,2019,40(4):100-101.
[2] 李文娜.论长清"手龙绣球灯"的艺术特征与文化内涵[D].济南:山东师范大学,2013.
[3] 李国印.我国地方民俗体育文化的传承弘扬与保护[J].地方文化研究,2019(6):96-102.

作为传承人,这样就能极大地调动各地域领头人的积极性,更好地促进各地域民俗体育的发展。国家文化部门联合教育机构,加大民俗体育传承人的培养力度,通过继承和创新实现民俗体育的可持续发展。因此,将山东省各地域、不同类别的民俗体育整理归类,有效地纳入学校课程,对于提高青少年对本民族传统文化的认识是十分必要的。①

---

① 谢华丽. 婺剧文化产业创新与发展研究[J]. 丽水学院学报,2021,43(3):52-58.

第四章　山东省民俗体育旅游资源开发的案例分析

本章以鲁西、鲁西南地区为例。

鲁西、鲁西南地区民俗体育文化市场已显现出潜在的商业化迹象,如菏泽斗羊赛、枣庄龙舟赛、毽球赛等,最著名的要属曲阜的水泊梁山,其他地区的影响力则较差,民俗体育产业薄弱。近年来,旅游业带动的民俗体育活动不断增多,如台儿庄古城依托运河文化和当地旅游资源举办龙舟赛。然而,与民俗游戏和民俗武术相比,其产业化开发并没有形成战略规划,缺乏系统的开发思路和创意。虽然有些团体和个人组织的一些比赛较受欢迎,但离产业化的道路还很远。政府部门要大力支持具有较大影响力的地方民俗体育,如武术、民间舞蹈、龙舟竞渡等,通过对当地民俗体育文化进行调研和市场分析,找到民俗体育文化产业化的合适切入点,同时借鉴其他地区民俗体育开发的成功案例,实现大众体育文化向产业化理念的推进,构建民俗体育的产业化平台。[①]

一、济宁梁山武术文化特色小镇建设

(一)梁山武术文化特色小镇建设缘由

旅游业是介于经济和文化产业之间的产业。现代旅游爱好者的旅游项目和目的地的选择依据,除了当地的自然景观外,对于具有深厚历史文化的人文景观更是看重。[②] 郭守靖在《齐鲁武术文化研究》[③]中将齐鲁武术文化划分为胶

[①] 谢文婷.鲁西南地区民俗体育文化的现代化转型与社会适应[D].大连:辽宁师范大学,2019.
[②] 李凤梅,丁传伟,杨铭.山东省武术文化旅游资源开发现状与策略研究[J].中华武术(研究),2016,5(2):83-88.
[③] 郭守靖.齐鲁武术文化研究[D].上海:上海体育学院,2007.

东半岛齐文化武术圈、鲁中南鲁文化武术圈和鲁西、鲁西北黄河文化武术圈3个武术文化圈。梁山属于鲁西、鲁西北黄河文化武术圈的一部分。武术文化特色小镇建设首要的是突出其特色,不能千镇一面,不搞重复建设,因此,之所以选择在梁山打造武术文化特色小镇正是基于以下两方面的考虑:

第一,梁山是武术之乡,是被誉为国宝的中华武术的四大发祥地之一,与少林、武当、峨眉齐名,在国内及国际享有很高的知名度,素有"喝梁山的水,都会伸伸胳膊踢踢腿"之说,因此武术是梁山的特色。[①]

武术是我国悠久民族文化的重要载体,在全国各地都有分布,武术文化旅游是借助当地的自然景观和人文景观,同时具备休闲、交流、娱乐、体验等特点的社会文化活动。[②] 目前,国内以武术文化旅游为主题开发的比较成功的案例主要有河南少林寺和湖北武当山,四川峨眉山峨眉派武术和广东佛山黄飞鸿武术也都借助了当地深厚的武术文化底蕴,带动了当地的文化旅游经济。而具有子午门功夫、梁山武术、梅花拳等多项非物质文化遗产的梁山并不乏历史底蕴和文化底蕴,但其武术文化旅游业却发展得不温不火,不尽如人意。近年来,梁山武术也受到了经济发展的影响,导致大量武术学校生源纷纷转行,使这一优秀的民间武术传统面临失传的境地。因此,如何更好地保护和传承梁山武术及其文化,打造梁山武术的金招牌,已迫在眉睫。[③]

第二,梁山是《水浒传》故事的发生地,具有较好的民俗文化和良好的区位条件,文化旅游开发的价值极大。

山东省的水浒文化旅游资源主要分布在梁山、阳谷、郓城、东平4县。对于山东的水浒文化旅游资源的开发,我们可以进行区域旅游合作模式,对各地独具特色的水浒文化旅游资源进行整合开发。梁山是《水浒传》的核心载体,是水浒旅游线路的中心位置,自然应是水浒文化旅游圈的领军区域;凭借东平湖的蓄水功能,东平可以恢复八百里水泊梁山的景观,营造八百里水泊浩荡的意境,开发水浒文化旅游;阳谷是武松打虎、三打祝家庄、武松斗杀西门庆等精彩水浒故事的发生地,景阳冈、祝家庄、狮子楼也具有一定知名度和垄断性;郓城是水浒之根,是众多梁山好汉的故乡,也是三打曾头市、智取生辰纲等水浒故事的发

---

① 田锡祥."非遗"视角下梁山武术文化传承机制的创新性分析[J].武夷学院学报,2016,35(11):61-64.
② 丁传伟.武术文化与旅游资源开发研究:以水泊梁山为例[J].运动,2016(3):13-15.
③ 李凤梅,丁传伟,杨铭.山东省武术文化旅游资源开发现状与策略研究[J].中华武术(研究),2016,5(2):83-88.

生地。① 2017年,郓城已经开始筹备创建水浒文化旅游中心,以好汉古城旅游区和水泊遗风民宿区为主体,以文旅产业聚集区和慢城小镇生活区为配套的郓州水浒文化特色小镇落地菏泽,为郓城打开门户。因此,梁山的水浒故事一定要"讲"好地方特色,不做无谓的重复项目建设。

(二)梁山武术文化特色小镇建设策略

2008年,水泊梁山被列为4A级景区,已经进行了一定程度的开发,因此我们可以在现有景区的基础上进行合理布局和扩大规模,建立以梁山武术文化为主的5A级特色小镇。因此,我们可以结合梁山的地域特征和梁山武术文化的特点,借鉴其他地域武术文化旅游开发的成功经验,采取适合梁山武术传承与发展的特色小镇开发策略来增加梁山武术文化在全国乃至全球的知名度与影响力。

第一,深度挖掘、整理并呈现梁山深厚的文化资源,以水浒文化旅游为卖点,开发彰显梁山个性文化的优秀武术文化旅游产品,从而盘活整个梁山武术文化特色小镇的经济。武术文化旅游是一种文化旅游,但也绝不是将文化旅游与武术进行简单的结合。因此,水浒文化旅游当然也不仅仅是到水泊梁山景区听听水浒英雄故事或看看风景,而应把体验水浒文化作为主要内容。②,③虽然水泊梁山在自然风景旅游方面的价值与作为5A级景区的少林寺、武当山相比存在一定的差距,但其文化底蕴及武术文化内涵非常丰富,具有深厚的历史文化渊源。梁山武术源远流长、博大精深。千百年来,梁山武术历经数代拳师精心修炼,已形成拥有十大拳种门派、72种梁山好汉拳械和36种土著拳术套路的庞大而又严密的武术体系,无愧中华武术之瑰宝,具有极高的科学性与艺术性。因此,梁山武术文化旅游应主打水浒文化和梁山武术文化。

第二,深度开发旅游项目,建设梁山武术文化特色小镇项目区块。游客来到梁山景区参观,多为走马观花式的观光旅游,景区对于忠义堂、宋江井等历史古迹没有加入详细的讲解模块,缺乏围绕水浒文化的深度开发,景观质量不高,体验程度不够。《水浒传》中的一百零八将都是梁山武术文化的代表,《水浒传》中的武术文化是梁山武术文化的一部分,其对梁山武术文化有着非常深远的影

---

① 张国栋. 山东水浒文化旅游开发研究[D]. 泉州:华侨大学,2008.
② 李凤梅,丁传伟,杨铭. 山东省武术文化旅游资源开发现状与策略研究[J]. 中华武术(研究),2016,5(2):83-88.
③ 丁传伟. 武术文化与旅游资源开发研究:以水泊梁山为例[J]. 运动,2016(3):13-15.

响,在《水浒传》之后开始出现二郎拳、武松醉拳、三十六路宋江拳、燕青拳、林冲枪、水浒门、李逵斧、杨志刀以及子午门功夫等与水浒有关的梁山武术。因此,我们可以深度挖掘《水浒传》中关于梁山的故事,把老故事呈现给游客,让游客有种"生在其时,活在当地"的感受。对于梁山武术文化特色小镇的建设,可以借鉴河南少林寺、湖北武当山的经验,围绕梁山的武术特色及水浒特色,开设各种针对不同年龄段的游客群体且游客体验性强的旅游项目,如青少年武术文化研学旅游、青少年武术习练夏令营旅游、老年人武术健身游等。并合理规划小镇区划,建立不同的旅游项目区块。

第三,成立小镇地方特色拳种武术学校、协会、专业功夫表演团和武术交流会,传承和发展区域武术文化,带动当地旅游经济的发展。河南针对少林寺旅游进行了深度开发和大规模的宣传,并围绕少林寺开设了林林总总的武术学校。虽然梁山武术与少林寺的知名度差不多,但梁山武术特色旅游的发展却远不如河南少林寺及湖北武当山。究其原因可能是其缺乏武术文化氛围。

创建武术学校、武艺切磋馆、水浒武术研究中心和武术研学基地,举办武术竞赛或武术文化交流大会,成立地方拳种协会和不同拳种的专业功夫表演团等都可以作为吸引游客的旅游资源,使游客能在当地感受到浓厚的武术氛围,从而也能更好地传承和发展区域武术文化,保留其完整的文化环境。武校(馆)是发扬和传承中国武术文化的重要载体,同时它也是基础教育的组成部分。宋义祥先生于1989年创办了梁山功夫院,在办院30余年来,先后为国家培养了上万名文武两用人才。武术交流活动可借助运动会、文化节、武术邀请赛等方式进行。2014年8月,山东省第二十三届运动会武术比赛的分会场设在梁山县体育馆,对梁山武术的传承与弘扬有较大促进作用。梁山水浒文化节每两年举办一届,可以充分利用举办梁山水浒文化节的机会,进一步提高梁山武术在国内及国际上的知名度。通过创立沉浸式小镇文化模块,并通过沉浸式体验将《水浒传》中的经典故事情节和人物带到小镇变成现实,展现水浒武术文化的强盛场景。围绕武术文化的主题,在某一个"点"上取得一定成效后,往往也会起到以"点"带"面"的作用,不仅能增加就业岗位,促进地区经济产业增值,还能带动地区餐饮、住宿、交通等多方面的发展。[①] 目前,水泊梁山景区只开设了一两所梁山武校,因此具有极大的提升空间,可以开发更多能彰显地域个性文化的优秀武术文化旅游产品。

---

① 丁传伟.武术文化与旅游资源开发研究:以水泊梁山为例[J].运动,2016(3):13-15.

第四,满足人们对体育旅游、健身养生的需求,打造地域特色的武术健身养生区块,引领健身休闲旅游发展。小镇内的健身养生区块以健身气功、太极拳、武术套路等体育项目为特色,在小镇的建筑风格和文化方面,通过文字、表演、雕塑、画展、新媒体等形式,突出传统武术文化的内涵,完善城镇教育、医疗、餐饮、住宿等基本服务设施,开发山东运河流域武术健身、养生新业态。①

第五,培养与水浒文化、武术文化及地域文化相关的旅游专业人才,让游客身临其境地感受特色小镇的武术文化魅力。现今,全国各地从事武术文化旅游方面的导游多为无习武经历且没有当地生活经历的普通导游,然而,其游客则为武术爱好者、水浒文化爱好者或某地区的武术文化爱好者。② 那么就容易产生游客对当地武术文化的了解需求与导游所能提供的服务之间不对等的矛盾。因此,梁山武术文化特色小镇应培养熟悉水浒文化及武术文化,并能够熟练、详细讲解地域文化的专业旅游人才,从而使游客能够更加身临其境地感受当地武术文化和水浒文化的魅力,获得极具特色的武术旅游体验。再加上小镇内随处可见的武术学校、团体、协会、表演等,让游客有种浸入式的旅游体验。③

第六,增设当地特色的除武术以外的民俗体育活动区,充分展现小镇体育文化的多样性,如当地特色的斗鸡、斗羊休闲活动。梅花桩舞狮子等民俗表演可以独立出来,形成一个专门供游客观赏及参与的活动区,从而更深层次地展现当地的体育文化特色,丰盈武术文化特色小镇。

二、聊城冠县武术文化特色小镇建设

(一)冠县查拳旅游开发建议

随着生活节奏的加快和生活水平的不断提高,人们对健康的关注度也越来越高,因此,为提高人民身体素质和健康水平,促进人的全面发展,国务院发布了《"健康中国 2030"计划纲要》和《全民健身计划(2021—2025 年)》,初步形成了我国的全民健身公共服务体系。因此,在追求健康的社会发展中,构建以"政

---

① 张乐.山东运河流域传统武术文化传承与发展研究[D].济南:山东师范大学,2018.
② 李凤梅,丁传伟,杨铭.山东省武术文化旅游资源开发现状与策略研究[J].中华武术(研究),2016,5(2):83-88.
③ 丁传伟.武术文化与旅游资源开发研究:以水泊梁山为例[J].运动,2016(3):13-15.

府、社会、市场三方"协调保护与发展的查拳发展模式是极其可行的。① 查拳是传统体育项目的优秀代表之一,其具有健身、娱乐、文化功能且有浓郁的地域特色和民族特色,是一种传统的武术项目。冠县的张尹庄清真寺见证了查拳的悠久历史,由于缺乏对清真寺所蕴含的查拳文化内涵的研究,以及未找到查拳与清真寺之间关系发展的好的创意和特色,至今尚未形成一个具有查拳特色且有影响力的旅游品牌,这严重影响了冠县查拳的现代化和产业化开发。因此,为了促进冠县查拳的协调发展,我们可以积极调研人们的旅游需求、文化探索需求及健康需求,并根据这些需求,开发查拳健身培训相关课程,并在清真寺遗址开发旅游项目,设计寻根产品,以促进冠县查拳产业的发展。①

(二)冠县查拳旅游开发策略

冠县查拳旅游开发策略主要如下:

第一,冠县政府通过建立冠县查拳数字化资源库来创建冠县查拳的传承平台,加强冠县查拳的宣传。借助各种不同的传播方式(如冠县贴吧、微信公众号、自媒体、网络、电视新闻、报纸等),覆盖不同年龄段、不同职业的传播受众,让人们形成对查拳和查拳文化的文化意识、文化认同和文化自信,吸引人们去练习,增强当地的武术文化底蕴,进而提高人们对查拳文化的保护意识。此外,县政府多组织与查拳相关的活动,增加普通民众参与查拳保护的机会,增强人们保护查拳的责任感。同时,查拳在练习过程中不仅要教民众功法套路,还要向村民解释查拳的健身原理和内涵,充分发挥查拳的健身功效,打造具有冠县特色的查拳文化品牌。①

第二,打造冠县武术文化特色小镇。2017年1月25日,国务院办公厅就《关于实施中华优秀传统文化传承发展工程的意见》提出"文化自信是更基本、更深层、更持久的力量。中华文化独一无二的理念、智慧、气度、神韵,增添了中国人民和中华民族内心深处的自信与自豪。"因此,加强对中华民族优秀传统文化的传承、保护与发展,是建设文化强国、实现中国梦的重要举措。2016年年底,国家旅游局、国家体育总局联合发布了《关于大力发展体育旅游的指导意见》,其中指出:"到2020年,在全国建成100个具有重要影响力的体育旅游目的地,建成100家国家级体育旅游示范基地。"以"体育+旅游"为吸引点,整合整个体育产业链,实现以体育产业为核心,向科技、文化等领域延伸的产业发展

---

① 许亚丽.山东省冠县查拳协同保护与发展研究[D].济南:山东师范大学,2017.

体系。① 值此契机打造集查拳文化、健身娱乐、休闲旅游等为一体的冠县武术文化特色小镇,这将为冠县查拳提供良好的发展路径。

在小镇的建设过程中,要求城建局与文化局、旅游局协同规划,三方及时沟通、适时调整,制定最终的施工方案。冠县政府可以以清真寺为中心建设查拳遗址公园,打造具有特色的查拳遗址文化旅游、寻根游。②

另外,可以借助市内、省内的武术比赛、武术文化节来提高查拳在国内及国际的知名度,吸引更多民众认识、喜爱查拳,壮大冠县查拳的习练群体,吸引更多游客前来冠县武术文化特色小镇。山东省武术文化节主要有济南国际武术节、山东省传统武术演武大会、梁山国际水浒文化节、海峡两岸中华传统武术邀请赛4个。聊城文化节有中国江北水城(聊城)文化旅游节、中国江北水城(聊城)国际樱花节、中国江北水城(聊城)荷花文化艺术节3个。济宁文化节有中国(曲阜)国际孔子文化节、曲阜孔子研学旅游节、孟子故里(邹城)母亲文化节、中国(鱼台)孝贤文化节、嘉祥石雕艺术节、汶上太子灵踪文化节6个。近几年山东省举办的省级、国家级、国际级武术比赛见表4.1。

表4.1 近几年山东省举办的武术赛事

年份	月份	比赛名称	举办城市	赛事级别
2012年	10月	2012年全国武术散打精英赛决赛	聊城	国家级赛事
2015年	4月	国际拳王争霸赛	聊城	国际级赛事
2016年	3月	"山东好汉"世界散打争霸赛(济南站)	济南	国际级赛事
2016年	8月	烟台国际武术节	烟台	国际级赛事
2016年	8月	"山东好汉"世界散打争霸赛(烟台站)	烟台	国际级赛事
2016年	11月	武行风云国际拳王争霸赛	潍坊	国际级赛事
2017年	4月	2017年"中国体育彩票杯"山东省武术套路(乙组)锦标赛	临沂	省级赛事
2017年	8月	山东省武术散打俱乐部第四届精英赛	菏泽	省级赛事
2017年	8月	第五届海峡两岸国际武术大赛	菏泽	国际级赛事
2017年	8月	首届曲阜孔子国际传统武术大赛	曲阜	国际级赛事
2017年	7月	2017年第二届国际武术精英大赛	济宁	国际级赛事
2017年	10月	第三届山东省武术大会	枣庄	省级赛事

① 谢士玺.沂蒙山区民俗体育旅游资源开发策略研究[D].长沙:湖南师范大学,2019.
② 许亚丽.山东省冠县查拳协同保护与发展研究[D].济南:山东师范大学,2017.

续表

年份	月份	比赛名称	举办城市	赛事级别
2017年	11月	2017年山东省第十五届少儿武术大赛暨即墨"武协杯"第一届武术锦标赛	青岛	省级赛事
2018年	7月	"花之冠杯"2018年第三届山东省武术精英大赛	嘉祥县	省级赛事
2018年	7月	山东省第八届全民健身运动会"鲁阳·建工"杯传统武术比赛暨山东省第六届传统武术演武大会	聊城	省级赛事
2018年	7月	第十五届全国武术之乡套路比赛	菏泽	国家级赛事
2018年	8月	2018年第二届孔子国际传统武术大赛	曲阜	国际级赛事
2018年	12月	山东省青少年武术俱乐部联赛	菏泽	省级赛事
2018年	10月	第四届山东省武术大会	石家庄	省级赛事
2019年	8月	"花之冠·立国杯"2019年第四届山东省武术精英大赛	嘉祥县	省级赛事
2019年	10月	第十九届全国武术学校散打比赛	郓城县	国家级赛事
2019年	10月	青岛(莱西)2019世界休闲体育大会武术比赛暨山东省第五届武术大会	莱西	国际级赛事

第五章 山东省民俗体育文化融入运动休闲小镇建设的可行性探究

本章以鲁南地区为例。

鲁南地区主要包括临沂市、枣庄市(不含滕州市),鲁南地区的民俗体育项目主要有民俗舞蹈类、健身广场舞类、红色体育类、原生态娱乐性民俗体育类4种,民俗体育丰富多彩、文化浓郁,国家级、省级、市级非遗项目众多,鲁南地区红色旅游资源丰富。因此,鲁南地区的民俗体育项目主要依托革命老区红色文化,发展红色民俗体育,并结合一些民俗舞蹈和原生态娱乐性民俗体育项目的特点开展健身广场舞和休闲娱乐类民俗体育项目。

一、鲁南地区民俗体育文化融入运动休闲小镇建设的可能性分析

(一)鲁南地区民俗体育项目种类丰富

鲁南地区休闲娱乐类的民俗体育项目较为丰富,具有浓厚的生活气息,能够表现出鲁南地区人们的民俗风情。鲁南地区民俗舞蹈类的民俗体育项目众多,主要有临沂市河东区的龙灯扛阁、跑马灯、打腰鼓、打花鼓、跑旱船等,枣庄市台儿庄区的鲁南花鼓、薛城区的人灯舞和骰牌灯等重要的非遗民俗项目。健身广场舞类的民俗体育项目主要有临沂市兰陵镇的猴呱嗒鞭舞,临沂市临沭县、郯城县及兰陵县一带的打花棍,临沂市临沭县的扑蝴蝶,枣庄市的鲁南花棍舞等。常见的红色体育类民俗体育项目主要有占山头、推独轮车、泗水、卷席、火线鸡毛信、南泥湾丰收、红嫂救伤员、艰苦长征路、英雄炸敌堡、红军扁担等。鲁南地区还具有丰富多彩的原生态娱乐性民俗体育项目,如抓石子、滚铁环、打陀螺、跳房子、跳皮筋等,多为儿童、少年喜爱的运动项目。

（二）鲁南地区红色旅游资源丰富

沂蒙山区是一个具有悠久革命历史及光荣革命传统的革命老区，它在整个山东省乃至全国范围内都发挥着重要的作用，具有不可替代的地位。沂蒙山区是山东建党建军时期的革命圣地，是孟良崮战役的发生地，曾经是大众日报社、山东省人民政府、华东军区、中共中央华东局、中共中央山东分局、新四军军部和八路军山东纵队指挥部等的所在地，被誉为华东延安。2007年，国家旅游局全国红色旅游协调领导小组确定了临沂市为全国8个重点红色旅游城市之一，确立了沂蒙山区在全国红色旅游工作中不可撼动的地位。根据山东省《红色旅游发展纲要》指示，山东省初步规划建设了以沂蒙山革命根据地为核心的山东红色旅游发展规划，其中沂蒙红色文化旅游线是规划中7条精品线路之一。沂水县夏蔚镇的沂蒙山根据地是国家3A级旅游景区，[1]这里有美丽的自然风光和优美的人文景观，不仅是百家红色旅游区，还是重要的爱国主义教育和国防教育基地。[2] 除了以夏蔚镇王庄为中心的沂水红色旅游区域，临沂市还有以下几个红色旅游区域：以大店镇为中心的莒南红色旅游区域，以马牧池为中心的沂南红色旅游区域，以河东区九曲镇新四军军部旧址和华东革命烈士陵园为主体的临沂市内红色旅游区、蒙山红色旅游区、孟良崮战役遗址，以大青山战斗遗址为主体的费县红色旅游区。

拥有悠久革命历史的枣庄市，是鲁南革命的发源地，是中兴煤矿公司的发祥地，是鲁南铁道游击队的诞生地，是著名的红色革命的热土，其在解放战争和抗日战争时期都发挥了很大的作用。在参与革命的过程中，枣庄市形成了丰富的红色旅游资源，也因此被称为"中国红色经典城市"。2005年，国家旅游局确定枣庄市为全国20个重点红色旅游城市之一，台儿庄大战纪念地和铁道游击队纪念园也被列入全国100个重点红色旅游景区，枣庄市形成了以"五馆一寺"为主体的大战遗址红色旅游观光线和运河观光线，形成了红色旅游的新景观。枣庄市薛城区的红色旅游业起步比较早，薛城区着力打造"铁道游击队故乡"，先后建立了铁道游击队纪念馆、铁道游击队纪念公园、铁道游击队影视城，目前该区的红色旅游业已进行了细致全面、科学的规划，进入了全面发展的阶段。[3]

---

[1] 贾开美.沂蒙山区红色旅游可持续发展研究[D].扬州：扬州大学，2009.
[2] 贾瑞学.沂蒙山区民俗体育的调查研究[D].南昌：江西师范大学，2011.
[3] 李莉.枣庄红色旅游资源开发研究[D].济南：山东大学，2011.

(三) 鲁南地区民俗体育文化传承及创新的需要

民俗文化向前发展的动力是传承与创新,传承使得民俗文化得以延续,也是民俗文化发展的内在动力;创新是在传统民俗文化的基础上的提升与发展,是文化适应、满足当前环境需要的一种展现形式,但不会以失去民俗文化原有的精髓和内涵为代价,是在最本质基础上的创新与发展。创新与传承既相互矛盾,又相互依存。创新是在民俗文化传承的基础上进行的,而传承的前提则是民俗文化为适应新环境的需求而进行适度创新。[①]

红色民俗旅游项目已在鲁南地区开展,游客主要是以参观红色革命根据地、接受革命教育和体验红色民俗体育项目为主。而民俗体育文化的传承和创新则遭遇瓶颈,传承受阻、创新无门。主要表现为:民俗体育的影响力减弱,生存空间狭小;传承人相继离世,项目传承后备力量不足,传承濒危,传承现状不容乐观;对民俗体育文化的内涵挖掘不够,缺乏创新人才等。鲁南地区特色的民俗体育文化是鲁南文化中的瑰宝,亟须加快其传承及创新,才能使得昔日耀眼的明星一直挂在星空中,而不至于陨落。

二、鲁南地区民俗体育文化融入红色文化建设运动休闲小镇的可行性分析

(一) 政府政策的大力支持

2016年7月,住房城乡建设部、国家发改委、财政部联合下发了《关于开展特色小镇培育工作的通知》,要求到2020年培育1000个左右各具特色、富有活力的特色小镇。随后,山东省人民政府印发了《山东省创建特色小镇实施方案》,提出到2020年,将创建100个左右的特色小镇,创造区域经济新的增长点。2017年5月,国家体育总局办公厅下发了《关于推动运动休闲特色小镇建设工作的通知》,提出到2020年,在全国扶持建设一批体育特征鲜明、文化气息浓厚、产业集聚融合、生态环境良好、惠及人民健康的运动休闲特色小镇。[①]随后,2017年5月22日山东省体育局、山东省发改委联合印发了《山东省体育产业发展"十三五"规划》,提出到2020年全省体育产业总规模达到3500亿元,产

---
① 张雨刚,王冬慧.特色体育小镇中民俗文化的传承与创新[J].体育科技,2019,40(2):78-79.

业增加值占全省生产总值的比重达到1%。2017年8月,国家体育总局公布了首批运动休闲特色小镇试点项目名单,初步在全国选定了96个体育小镇示范性试点,山东第一批运动休闲小镇有5个:临沂市费县许家崖航空运动小镇、烟台市龙口市南山运动休闲小镇、潍坊市安丘市国际运动休闲小镇、日照奥林匹克水上运动小镇、青岛市即墨市温泉田横运动休闲特色小镇。

体育特色小镇,体育是其核心,旅游是其主要形式,以此来带动相关体育服务产业链的发展,满足人们休闲旅游的需求,同时通过亲身体验各项体育项目来达到休闲健身的效果。① 全民健身是健康中国建设的战略基础,是人民增强体魄、幸福生活的基础保障。体育特色小镇能够为健身人群提供一个完整的运动空间,激发人民参与体育运动的热情。《"健康中国2030"规划纲要》提出,要积极扶持和推广民间传统运动项目,大力发展群众喜闻乐见的体育项目。因此,在体育特色小镇的筹建中结合当地民族传统项目,融入民俗传统体育文化,不仅可以让更多的居民参与其中,还可以更好地弘扬并传承当地传统的民俗体育文化。

(二)民俗体育与红色旅游产品在运动休闲小镇内的有机结合

红色旅游的政治性、复合性、综合性比较强。因此,要根据市场的需求,整合各类资源,把红色旅游资源与当地的民族风情、地域体育文化、休闲度假、绿色生态等旅游资源结合起来,才能开发出比较有特色的红色旅游产品。民俗体育与红色旅游产品在运动休闲小镇内的结合,就是要在保持民俗体育风格的基础上,逐步向现代人的价值取向、审美特征和文化娱乐等方向转化②。资源有机整合是吸引国内外游客前来旅游的制胜法宝。民俗体育红色旅游项目,从产品的策划、包装、宣传到推入市场,都要具有创新与发展的理念。依托具有重大历史意义的红色旅游资源,将具有民间性、娱乐性的民俗体育项目,融入到红色旅游之中,让游客真正地参与其中,体验参与的快乐和趣味,扩大游客和消费者的来源,使民俗体育文化资源与红色旅游的融合性开发顺利,且有效地转化为经济优势,在为游客提供红色教育的同时,又提供了具有浓厚地域民俗风情的民俗体育旅游大餐,且能够满足不同层次消费人群的精神与体验需求,又极大

---

① 单琛蕾,张伟."健康中国"背景下体育特色小镇创建路径研究[J].吉林体育学院学报,2018,34(4):40-43.

② 张炜.非物质文化遗产视角下我国少数民族传统体育文化保护研究[J].体育世界(学术版),2010(3):80-82.

地丰富了红色旅游的内容和形式。①

（三）结合民俗体育的特点在运动休闲小镇内开展红色民俗体育体验式旅游项目

红色旅游和民俗体育体验式旅游的区别还是比较明显的：红色旅游往往以严肃认真的思想教育为主要特征，民俗体育体验式旅游则更加注重趣味性与休闲娱乐性。因此，将两种资源融合开发时，既要注重红色教育的严肃性，又要兼顾民俗体育的趣味性，既要避免因趣味性过强而影响了红色教育的教育质量，也要避免严肃性过重导致其失去了体验式游玩的趣味性。二者在运动休闲小镇内的融合性开发，要依托红色文化、民俗体育文化，开展红色民俗体育体验式旅游。② 在进行红色民俗体育体验式旅游资源开发时，一定要根据时代的变化，运用文化融入的手段，注入体育运动的快乐元素，开展体验式旅游，提高游客的参与度，最大化地满足游客的体验需求及求异心理③。例如，可以将鲁南地区的民俗体育项目，如龙灯扛阁、打腰鼓、跑马灯、跑旱船、鲁南花鼓、人灯舞、骰牌灯、猴呱嗒鞭舞、打花棍、扑蝴蝶、鲁南花棍舞等融入小镇的红色旅游资源中，让游客深切地感受到红色历史文化教育的熏陶和民俗体育文化的渗透与感染。让游客在受教育的同时，也了解了区域文化风情，还顺便学习并继承了传统的民俗体育文化。从而，使建成的红色民俗运动休闲小镇达到用红色精神感染人、用民俗体育风情吸引人、用碧水蓝天留住人的效果。总之，有效结合当地的民俗体育文化，打造原生态的民俗体育项目，并将其融入红色旅游资源中，对于营造和谐的红色旅游氛围、提升小镇红色旅游资源的生命力、弘扬民俗体育文化等都是大有裨益的。民俗体育活动与红色文化的有效整合、巧妙融入，将会使二者彼此受益，相得益彰。①

（四）继续开发小镇内红色民俗体育项目的体验式旅游资源

通过对临沂市红色民俗体育项目的调查，发现沂蒙山革命根据地景区旅游除了自然景观观光外，主要以红色旅游为主。其中沂蒙姐妹抢丰收、占山头、推独轮车等，都是游客喜爱且参与次数最多的红色民俗体育项目。红色民俗体育

---

① 李久君.红色旅游与民俗体育文化资源整合开发的研究[J].延安大学学报(自然科学版),2011,30(2):110-112.
② 姚洁.红色旅游与体育旅游融合性开发的战略思考[J].山东体育学院学报,2006(2):18-20.
③ 郭代习.红色旅游资源开发与当代大学生爱国主义教育[J].思想政治研究,2009(5):70-72.

项目主要以体验和比赛的方式进行,游客在参与的过程中能够深切地体会到当时革命先辈在革命战争时期的辛苦付出,深切地感受到沂蒙老区的红色民俗体育文化,同时也不同程度地挑战了自己的体力,又能在参与中使积聚在内心的生活、工作等压力得到很好的释放。① 红色旅游一直以来都是沂蒙山区旅游开发的主要项目,受到广大游客的认可与追捧,而且红色民俗体育项目还符合当下时代的潮流,能够同时满足老、中、青三代人的需求。枣庄市的红色民俗体育项目也可以依据沂蒙山区的模式进行适度开发、深度融合。因此,在后续的红色旅游开发中依然要把红色民俗体育项目作为重点,继续开发鲁南地区红色民俗体育项目,深度挖掘其文化内涵,以满足各年龄段游客对红色文化及红色民俗体育项目的需求。①

（五）以"战地舞蹈"的形式传承鲁南地区民俗体育舞蹈项目

在战争年代,军队的文艺工作者通过对当地民间舞蹈资源的充分挖掘及采纳利用,创编了战争时期的战地舞蹈,这些战地舞蹈动作简洁明快,在内容上融入了革命斗争的元素,被当时的广大军民所接受,并成为革命时期宣传革命的一种艺术表现形式。战争使得沂蒙民间舞蹈的作用,由民间的自娱上升到宣传革命、服务战争的历史任务层面上来。舞蹈和战争的结合,代表着国家文化意识形态和政治形态的结合与发展,是表现当时社会状态的一种形式,是历史发展进程中的一种必然融合。在战斗中,沂蒙军民用舞蹈来鼓舞士气,来表达对党和国家的忠诚,传扬对和平生活的渴望。在积极参与传统民俗体育活动的过程中,不仅锻炼了沂蒙山区劳动人民的身体、娱乐了身心,也弘扬并传承了民族精神。②

在抗日战争和解放战争期间,龙灯扛阁作为沂蒙地区的乐舞之一,受到当时军民的极大欢迎,在庆祝胜利、欢迎八路军和解放军的活动中时常表演,并成为节日活动的重要娱乐方式。扑蝴蝶是另一种极具沂蒙地区特色的广场舞蹈。在烽火硝烟的战争年代,扑蝴蝶在宣传党的方针政策、交送公粮支援前线、动员参军、推动土地改革和减租减息中起到了很大的作用。我们要充分利用这些民俗旅游资源,创新开发多样化的旅游活动,选拔并培训一部分人员,定期在红色旅游景点演出战地舞蹈等民俗体育舞蹈项目,提升红色旅游的吸引力,展现沂

---

① 谢士玺.沂蒙山区民俗体育旅游资源开发策略研究[D].长沙:湖南师范大学,2019.
② 徐振华.龙灯扛阁的历史渊源、风格特点及现代传承[J].体育科技,2014,35(1):44-46.

蒙民俗体育文化的魅力，进而推动红色民俗体育旅游的发展。[①] 枣庄市的鲁南花鼓、灯舞、花棍舞、渔灯秧歌、龙灯狮子、高跷、跑旱船等歌舞艺术也都可以结合枣庄红色文化的特点和红色事迹进行表演，在红色民俗体育旅游区进行展示。

（六）加大红色文化运动休闲小镇内多种民俗体育资源的合理开发，更好地传承民俗体育文化

在现有的红色旅游基地，建立专门的、用于民俗体育文化开发与传承的民俗体育运动休闲小镇，一方面可以很好地传承民俗体育文化，另一方面也可以提供给游客一个体验民俗体育、感受民俗文化的场所，同时还可以通过民俗体育特色旅游给当地带来极大的经济效益。在民俗体育运动休闲小镇中，要加大基础设施建设，完善配套设施，优选具有代表性的民俗体育项目，做好周密、合理的规划。开发的民俗体育旅游资源应该包括两类：观赏类和参与类。观赏类是给游客提供各种民俗表演和传统体育表演，让其通过观看达到愉悦身心的目的，并通过观赏达到了解当地民俗风情的目的；参与类是让游客亲身参与其中，并从这些民俗活动和体育活动中，体验当地的民俗风情和活动的乐趣。在民俗体育资源的实际开发中，必须精选项目，吸纳、聘请民间民俗体育项目的传承人或专门人才，使得民俗体育项目与旅游项目密切结合，开展有针对性的活动，或者进行定点表演，最大限度地扩大与游客的交流和游客的参与等。[②,③]

在民俗体育运动休闲小镇中设置不同的民俗体育项目板块，如创建民间体育舞蹈表演与体验专区，进行国家级及省级优秀非遗项目中舞蹈类民俗的展示。建立乡村少年宫，立足当地实际，借助鲁南地区丰富多彩的原生态资源而自发形成娱乐性民俗体育项目，如抓石子、滚铁环、打陀螺、跳房子、跳皮筋等，让孩子们体验一下父母曾经玩过的具有乡土气息的游戏，也让成年人重温儿时的记忆。通过开展民俗体育节庆活动及民俗体育赛事，吸引国内外游客及当地市民更多地参与进来，从而达到全民健身的目的。通过建立以红色体育旅游区为核心的运动休闲小镇，开发体育与旅游、研学、培训、休闲、文化传承等相融合的不同模式，达到传承文化、发展体育、推动旅游等多方面的目的。小镇内丰富多样的民俗体育项目及红色体育项目，营造了浓郁的民俗体育文化、民俗文化、

[①] 姚洁.红色旅游与体育旅游融合性开发的战略思考[J].山东体育学院学报,2006(2):18-20.
[②] 刘军,李杰,周德书,等.广东体育旅游资源开发模式研究[J].体育学刊,2007(5):49-51.
[③] 杨广艳,舒扬.杏花村文化旅游区体育旅游开发模式研究[J].池州学院学报,2018,32(3):93-95.

红色文化氛围,完善的配套设施及基础设施,让游客流连忘返,从而达到弘扬红色文化、传承民俗体育文化、带动区域经济、打响小镇知名度、倡导全民健身等多个目的。再者,各个地区普遍拥有符合当地特色的民俗体育文化,即依附当地的风俗习惯而传承至今的体育活动,能够在很大程度上体现地区独有的民俗文化特征。故将民俗体育文化融入运动休闲小镇,有利于运动休闲小镇的差异化建设,避免"千镇一面",让当地民俗文化走出小镇广为人知。

第六章 山东省民俗体育文化运动休闲小镇建设的实施策略探讨

一、宏观角度

（一）政府的目标引领作用

自2014年以来，一系列中央文件的颁布和国家领导人的讲话，在体育强国的梦想时代发出了最强烈的声音，为国民健康创造了良好的开端。毫无疑问，国民健康是体育发展的主线，这一目标也同样是运动休闲小镇的发展思路，建设运动休闲小镇不仅仅是为了促进当地经济的发展，更是为了促进全民的健康。运动休闲小镇建设不仅可以解决当前经济持续下滑的问题，而且是实现我国体育强国梦的重要措施。因此，政府必须在体育城市建设中发挥主导作用，突出政府服务的功能，明确社会、政府、市场的功能边界，让市场在资源配置中发挥决定性作用，改变"重政府轻市场，重国富轻民富，重发展轻服务"的现象，唯有如此，才能为运动休闲小镇的开发与构建找到适宜的土壤，建设产、城、人三位一体的幸福小镇、健康小镇、运动小镇。这样，运动休闲小镇的建设才能真正回归体育的本质，突出其特色。[①]

（二）政府的政策驱动作用

目前，运动休闲小镇的建设得到了国家政策和地方政府政策的支持。然而，体育城市的建设需要时间的积累和充分的思考，需要动员多方力量一起发力，不能一蹴而就。一是要加大政府在基础设施建设中的支持力度，有效发挥

---

① 王峰,郑国华,陈宁.美国体育小镇的运行机制及其对中国的启示[J].武汉体育学院学报,2019,53(4):26-33.

政府的政策支持功能。体育基础设施是一个国家的公共设施,政府是运动休闲小镇建设的有力推手,有责任和义务投入更多资金来提高当地的体育基础设施建设,从而推动人民的整体健康水平。二是要激活市场资本,鼓励非营利性机构参与到运动休闲小镇的建设中来。目前,国家及地方政府对运动休闲小镇建设有许多政策性文件的指引,许多企业也对运动休闲小镇的建设表现出极大的热情,进而致力于运动休闲小镇的筹建与开发。但要避免一些不良企业以运动休闲小镇建设为名进行房地产开发,偏离运动休闲小镇建设的初衷。三是动员群众参与到运动休闲小镇的建设中,并尽量完善志愿者服务制度。在运动休闲小镇建设中,为了最大限度地动员民众参与运动休闲小镇的建设,我们可以通过政府政策和制度的制定,推动运动休闲小镇的建设,以运动休闲小镇为示范点,进一步推动和完善志愿者服务制度。[①]

(三)政府协助多渠道宣传,提升运动休闲小镇的知名度

运动休闲小镇的体育旅游是一种新兴的旅游领域,其社会知名度和认知度都很低。体育旅游服务机构及主管部门、产业经营者,应充分利用各种宣传优势,积极宣传和推广已建成的运动休闲小镇的有关信息。除了较为传统的报刊、电视等渠道外,还可以通过微信公众号、APP等方式,提高运动休闲小镇在整个社会中的影响力和知名度。[②]

(四)杜绝运动休闲小镇建设中"重申请、轻落实"的现象

国家有运动休闲小镇筹划的优惠政策,政府就组织申请各式运动休闲小镇的建设,但政府往往没有切实分析当地的经济、旅游、地域、交通等情况是否满足运动休闲小镇的建设要求。或当地的地域条件等符合运动休闲小镇建设的要求,申请的项目也比较新颖、稀缺,且发展前景比较好,但在项目进行的过程中遇到一些阻力,导致项目成了"半拉子工程"。在调研的过程中,发现费县许家崖航空运动小镇就是这种情况,申请书做得很好,宣传也很到位,但去实地体验时往往会大失所望,除了有一条通向小镇的公路、几位体验滑翔伞的游客、几栋弃用的建筑、一片草坪、一个大土坡,没有看到其他的配套设施,亲子营地、甜

---

① 王峰,郑国华,陈宁.美国体育小镇的运行机制及其对中国的启示[J].武汉体育学院学报,2019,53(4):26-33.
② 王瑞.运动休闲特色小镇体育旅游资源开发研究:以德清县"裸心"体育小镇为例[D].上海:上海师范大学,2018.

蜜公园、运动俱乐部、服务中心、住宿设施、购物餐饮等全部没有,甚至连最基本的卫生间都配备不全。据当地村民叙述,开发商占了他们很多土地,打算扩建小镇,但上级又没有批准,地也占了,又不能种粮食,荒着很可惜,也没有给当地居民提供就业的机会。而且,许家崖水库属于费县城镇的用水来源,不适宜开展水上运动项目。这些情况表明,当时政府申请的时候就只顾着圈地开展项目、筹建小镇,并没有考虑当地的实际情况。所以,在建设运动休闲小镇时,一定要重点考虑当地的民俗体育文化特点及开发要求,申请的时候也要慎重、全方位考虑,杜绝出现上述"重申请、轻落实"的现象。[①]

二、中观角度

(一)完善组织机构建设

通过在运动休闲小镇设立与民俗体育相关的文化娱乐体育组织机构,保证民俗体育文化的规范化运行,保证民俗体育文化内涵的延续性及完整性,再对其进行一定程度的包装、展示,争取最大程度地展现民俗体育文化的魅力,增强人们对其文化的认同感。[②]

(二)创新运营模式,政企合力打造

一个运动休闲小镇的建设需要大量的资金。根据以往发达国家的实践经验,政府在投入大量资金的同时,还应注重发挥社会资本的力量,积极寻找有实力、有能力、有意愿的社会资本主动投入到产业的融合发展中,并要选取发展经验丰富、经济实力雄厚的企业参与到运动休闲小镇的建设中,为小镇建设注入核心力量,促成、开展政企合作的新的运营模式,这样才能更好地促进运动休闲小镇的建设与发展。政企合作模式的建立,一方面能保障运动休闲小镇的盈利能力,另一方面不但降低了运动休闲小镇的资本风险,还促进了企业的发展,达到双赢的效果[③]。

---

① 林甲换.民俗体育文化融入运动休闲特色小镇的建设研究[J].运动精品,2019,38(8):56-57.
② 赵然.现代化进程中民俗体育的发展困境和出路研究[D].南京:南京师范大学,2014.
③ 刘睿.体育产业与相关产业融合发展的路径研究:以沧州武术文化小镇为例[J].湖北师范大学学报(自然科学版),2019,39(4):67-71.

（三）注重专业人才培养

长期以来,民俗体育文化代代相传,到目前为止,许多形式的民俗体育将面临着失传的危险境地。人在民俗体育文化的传承中发挥着决定性作用,我们可以将民俗体育的活动内容及形式以言传身教或各种媒介记录在案的形式进行传承、流传。因此,当地政府应对那些掌握民俗体育文化内涵及运动形式的专业人才给予重点保护及鼓励。首先,运动休闲小镇需要培训较多的民俗体育项目指导人员,通过定期的培训与交流,加深指导人员对民俗体育内涵及文化的理解,从而使得民俗体育文化得到传承。[①] 其次,邀请传承人向年轻人传授技艺,还可以让政府出面组织一些民族民俗体育展示活动或建立民俗体育博物馆进行宣传。最后,民俗体育文化的传承应该从娃娃抓起,如果能在学校里进行各式民俗体育活动,那么能达到很好的文化传承效果。

三、微观角度

（一）构建"一核心、多主体"的生态型运动休闲民俗体育体系,建造具有地域特色的民俗体育文化运动休闲小镇

运动休闲小镇必须是"一核心",且其核心必须是体育。在对山东省5个运动休闲小镇（试点）走访后发现,部分运动休闲小镇的发展并不是以体育为核心,体育主心骨不明显,未形成独树一帜的体育特色产业链。在所调研的5个运动休闲小镇中,龙口市南山运动休闲小镇只有一项马术运动,而且马术运动基本属于贵族运动,群众化程度不高;即墨市温泉田横运动休闲特色小镇则是以温泉和田横为核心,但二者距离较远,因此也不符合运动休闲小镇一个核心的要求,国家体育局令其整改、汇报后再谈小镇建设的问题。

因而,在运动休闲小镇的建设中,要重点突出民俗体育在小镇中的核心地位,在保证民俗体育核心地位的基础上,细分不同的消费群体对小镇运载项目的种类需求,减少产品同质化,提升创新能力,避免与其他小镇或景区雷同、重复,增加休闲性、娱乐性、参与性、体验性体育运动项目。休闲体育具有明显的舒适性和休闲性,其目的在于休闲,而不是剧烈的体育对抗。[②] 树立全民体育

---

① 林甲换.民俗体育文化融入运动休闲特色小镇的建设研究[J].运动精品,2019,38(8):56-57.
② 李乐虎,黄晓丽.国外体育特色小镇建设的经验及启示[J].吉林体育学院学报,2018,34(5):19-25.

休闲发展观,深入开发民俗体育的休闲价值,积极开拓民俗体育的生存空间,构建生态型运动休闲民俗体育体系,为城乡居民健康的生活服务。充分发挥运动休闲小镇的生活功能,服务社区体育发展,让辖区内的居民与村民都能比较便捷地享受到小镇的公共服务。运动休闲小镇的核心是形成小镇内体育休闲的聚集结构,如具体的体育休闲运动项目类型、教育培训的开展、户外运动的策划、体育用品的零售租赁、赛事活动的筹备、餐饮住宿的提供等均是运动休闲小镇的主体。[①] 其消费人群主要是各类以休闲为目的的人群,如家庭、情侣、度假团体、各类户外运动爱好者等。运动休闲小镇的建设就是要构建以优势的民俗体育项目为基础,形成"一核心、多主体"的休闲民俗体育体系,提高活动的整体品位和质量,打造休闲化、趣味化、现代化、舒适化综合发展的体育产业模式。[②] 山东省民俗体育文化运动休闲小镇的建设,应结合当地特色的民俗体育资源和民俗风情,开发出一系列民俗体育+文化、民俗体育+赛事、民俗体育+医疗、民俗体育+康养、民俗体育+培训、民俗体育+旅游等复合产品,并将体育产业链延伸至文化、餐饮、娱乐、疗养、购物、交通等行业,提高体育产业链的深度与宽度,尽量避免单一模式的体育类目消费。[③]

(二)深入挖掘民俗体育文化内涵,完善小镇内优势民俗体育文化传承的配套服务体系,提升小镇的文化传承能力

小镇内民俗体育项目的配套服务体系包括民俗体育文化表演队、民俗文化研究院、民俗体育学校、民俗体育研学基地、民俗体育精品赛事筹备办公室等。各单位共同管理、协调运作,构建集训练、比赛、教学、研学、科研、表演于一体的服务体系。例如,为小镇附近的居民、游客或其他民俗体育爱好者提供教学、培训服务,为参加研学的青少年学生提供民俗体育文化的研学服务等,为企业庆典、社区重要活动、周边节庆喜事等社会活动提供表演服务,同时各民间社团要建立自己的服务网站,积极优化平台视野和服务系统,树立良好的服务形象。[④]

在当今这个现代化建设高速发展的时代,在外来体育文化和现代价值观念的双重影响下,民俗体育的传承与发展遭遇了极大的挑战。民俗体育独特的吸

---

① 王军伟.体育小镇的空间效应与功能实现:以柯桥"酷玩小镇"为例[J].中国学校体育(高等教育),2018,5(9):6-10.

② 李乐虎,黄晓丽.国外体育特色小镇建设的经验及启示[J].吉林体育学院学报,2018,34(5):19-25.

③ 刘睿.体育产业与相关产业融合发展的路径研究:以沧州武术文化小镇为例[J].湖北师范大学学报(自然科学版),2019,39(4):67-71.

④ 刘勇,陈永辉.民族传统体育文化:内涵、价值及路径[J].求索,2014(6):183-186.

引力、凝聚力正逐渐下降；民俗体育的导向功能、教育功能、传承功能正日渐弱化；民俗体育的娱乐、教育、经济效益正在被西方体育所代替。现今，中小学的体育课程往往被大量的西方竞技体育所充斥，即便在学校体育课堂中加入了民俗体育的教学内容，也常常被标准化。然而，教育又是传承民俗体育的一个最为重要的形式，学校教育是进行民俗体育文化传承最便捷、最有效的方式。可惜的是，中国学校的体育课程只着重培养学生对西方竞技体育的兴趣与体育运动的习惯，却牢牢地关上了中国民俗体育对中国学生群体开放的大门，从而使得中国的年轻人群对民俗体育日渐忽视、逐渐陌生，这种"自掘坟墓"的行为无疑给民俗体育的传承雪上加霜。① 因此，民俗体育文化传承的一大重心应落在校园内的传承，需要构建以学校教育为中心的民俗体育文化传承机制，让学生在学校内接受民俗体育文化的熏陶、接触民俗体育教育，这将有助于培养学生对民俗体育的热情及兴趣。同时，在民俗体育技能传授的过程中，适当讲述民俗体育的相关知识，将更有利于民俗体育的传承与保护。再者，通过学校教育来促进民俗体育的保护、发展与传承，也是一种效果最好、成本最低的形式。② 通过建立民俗体育学校、民俗体育研学基地，举办民俗体育赛事等向学生群体传播民俗体育文化，可以发挥民俗体育文化传承的重要功能。

（三）民俗体育与全民健身价值融合，创建运动休闲小镇特色的健身民俗体育活动

民俗体育是民俗文化融入人们生活的一种运动形式，其通过运动形式来表现人们对精神文化的追求。推动全民健身战略的实施是运动休闲小镇建设的初衷，同时可以促进体育产业的蓬勃发展，推动区域经济的快速提升。因此，以居民对自身健康的需求为出发点，是制定民俗体育文化融合策略的重要考量因素，民俗体育文化是其融合的重要载体。③ 加强民俗体育与全民健身工程的融合，一方面，在于响应《"健康中国2030"规划纲要》和《全民健身计划（2021—2025年）》的实施，为广大民俗体育发源地人群及少数民族聚居区人群提供适宜的健身方式。运动休闲小镇建设在选址、内容选择、发展模式上要综合考虑健身功能的实现，在内容建设上应该兼顾儿童、中青年、老年不同年龄段人群的

---

① 赵然.现代化进程中民俗体育的发展困境和出路研究[D].南京：南京师范大学，2014.
② 毕玉祥.健康中国背景下民俗体育与全民健身价值的融合与传承[J].当代体育科技，2017，7（22）：214-215.
③ 林甲换.民俗体育文化融入运动休闲特色小镇的建设研究[J].运动精品，2019，38（8）：56-57.

体育需求,恰当糅合现代体育文化与山东省的民俗体育文化。另一方面,全民健身工程为民俗体育的发展与继承提供了有力的平台,提升了民众自觉传承民俗体育文化等的意识,适度缓解外来文化入侵给我国体育文化带来的威胁,同时,也为国家级非物质文化遗产工作中非遗传承的实践环节提供了一定的实施思路与参考。民俗体育是生态体育,强调人、环境、体育项目的和谐统一。小镇内的民俗体育健身活动强调在自然环境中练习,要与环境有机融合,要注意不同的气候、季节、时间等对身体的影响。[①] 运动休闲小镇完全能够满足全民健身的需求,重视挖掘和创造,使民俗体育成为全民健身工程的重要内容。通过合理布局、深入开发,在小镇内构建游客健身体验区板块,在小镇特色的民俗体育项目的基础上,着重开发更多具有当地特色、极具健身功效的民俗体育项目。试图在传统中找特色,以特色出精品,以精品促推广,以推广促提高,力求打造一批具有带动性、辐射性效应的示范区、品牌区民俗体育项目,同时,能够满足不同群体多元化、生活化、平民化的民俗体育项目健身需求。[②]

在把握民俗体育文化内涵的基础上,相关部门可以开展各种各样的民俗体育活动(如武术、毽球、花毽、空竹、形体、民间舞蹈、打陀螺、跳皮筋、滚铁环、赛龙舟、舞狮、放风筝、跳绳、掷沙包、荡秋千等),适当融入现代化的元素以提升民俗体育的趣味性,从而使得建成的运动休闲小镇真正实现从观光型体育文化资源向观光+体验型体育文化资源的转变。充分发挥运动休闲小镇的运动功能,助力健康中国,以健康服务为主题,开发民俗体育融合活动,树立大健康的健康理念,从而促进基层全民健身事业的发展,推动健康中国的建设。[③]

(四)为民俗体育创造竞技条件

定期举办民俗体育赛事,有利于打响赛事品牌,为民俗体育文化向外传播创造条件。作为当地民俗体育文化的发源地,运动休闲小镇通过民俗体育公共设施的建设,为赛事的成功举办提供了条件。山东省民俗文化丰富,泰山国际登山节、潍坊风筝节等享有盛名,我们可以借助这些民俗节日大力宣传运动休闲小镇,或者在这些活动期间开展民俗体育比赛,让更多的人了解并参与到民

---

① 陈永辉."美丽中国"视域下民族传统体育生态文明与建设研究[J].武汉体育学院学报,2013,47(9):41-45,49.
② 刘勇,陈永辉.民族传统体育文化:内涵、价值及路径[J].求索,2014(6):183-186.
③ 王军伟.体育小镇的空间效应与功能实现:以柯桥"酷玩小镇"为例[J].中国学校体育(高等教育),2018,5(9):6-10.

俗体育中,从而促进当地民俗体育文化更好地传播。

(五)以小镇优势民俗体育项目为主,打造小镇周边民俗体育活动圈

农村人口具有深厚的民俗观念和强烈的乡土情结,他们经常开展民俗体育活动抒发乡愁,表达乡土文化情结。依托民俗文化,利用共同的信仰与节假日,以举办活动的小镇及活动内容为中心,动员、邀请周边村民共同参与,打造农村小镇民俗体育活动圈,从而实现民俗文化的保护与传承,并获得感官、精神等方面的满足,营造优良的农村社会环境。打造农村小镇民俗体育活动圈,必须确立3个重点,实施3个引导,才能实现从点带面的社会效应。一是以小镇的优势民俗体育项目为主要开发点,引导其他项目共同开展。二是以民俗体育文化传承为主要效应点,引导其他功能的实现。三是以运动休闲小镇为主要落脚点,指导城市及周边村庄开展活动。民俗体育活动是民俗延续的重要途径和载体。在开展民俗体育活动的过程中,民俗文化被不断地复制、印记在参与活动的民众的脑海里。民众通过实践参与得到身心的满足,通过与周边村落进行沟通、互换信息,从而为当地民俗体育活动的持续开展提供更优化的生态环境。①

地方政府要重视民俗体育活动圈的打造,依托群众性聚会及节日活动,采取竞赛、表演、沟通等方式,邀请周边村落的村民、农村民间民俗活动团体及民俗文化传承人等均尽量参与进来,充分发挥民间组织的力量,并以社会力量参与的形式获得政府的支持与领导,促使运动休闲小镇发挥好带头作用,使得周边各村落的民俗体育活动协同发展。②

---

① 刘勇,陈永辉.民族传统体育文化:内涵、价值及路径[J].求索,2014(6):183-186.
② 陈永辉."美丽中国"视域下民族传统体育生态文明与建设研究[J].武汉体育学院学报,2013,47(9):41-45,49.